# LE MIROIR AMÉRICAIN

Les Arènes,
17-19, rue Visconti, 75006 Paris
Tél. : 01 42 17 47 80

Pour découvrir nos nouveautés, rendez-vous sur notre site arenes.fr.
Retrouvez les vidéos inspirées de nos livres sur la chaîne YouTube « Les Arènes du Savoir ». Et suivez-nous sur les réseaux sociaux !

@les_arenes

COLE
STANGLER

# LE MIROIR AMÉRICAIN

## ENQUÊTE SUR LA RADICALISATION DES DROITES ET L'AVENIR DE LA GAUCHE

LES ARÈNES

# Introduction

Tous les immigrés le savent : comparer son pays d'origine avec son pays d'adoption est un réflexe naturel. Certains notent même leurs remarques dans des cahiers : « Ici, on mange à 20 heures, pas à 18 h 30 ; il faut couper le saucisson en tranches fines et pas de façon grossière ; on n'a pas besoin de dire que tout est "génial" tout le temps », « Ici on se méfie de l'enthousiasme qui sonne faux », etc. Si je n'ai ni la patience ni l'envie de prendre ce type de notes, j'ai tout de même ma propre liste mentale d'observations de la vie quotidienne qui ne cesse de s'allonger (et de gagner en subtilité) avec le temps. Peut-être qu'un jour je m'en lasserai, peut-être qu'un jour je finirai par oublier son existence ; je serai alors pleinement intégré. Mais je n'en suis pas encore là.

Mon père est médecin. Du début des années 1980 jusqu'au début des années 1990, il travaillait à l'Hôpital américain de Neuilly-sur-Seine. Comme ma mère, il est américain, originaire de l'État de New York. Je suis né à Paris et j'ai été naturalisé français, évitant de peu la loi Pasqua de 1993 qui a complexifié les demandes de naturalisation pour les enfants nés de parents étrangers. Pourtant, j'ai principalement grandi aux États-Unis, dans la banlieue de New York, et plus précisément dans le Connecticut.

Je suis un pur produit de l'*upper-middle class*, comme on dirait outre-Atlantique. Malgré ma famille très francophile

– mes parents m'ont fait suivre des cours de français dès mon plus jeune âge et je les en remercie –, j'étais bien parti pour faire ma vie aux États-Unis : j'y ai suivi des études et commencé ma carrière comme journaliste politique à Washington. L'instabilité du métier m'a poussé à revenir en France après avoir été licencié deux fois lors de plans sociaux. J'ai décidé alors de prendre un risque et de me lancer dans le journalisme free-lance, « la pige », comme on dit en France. Pourquoi ne pas couvrir la vie politique française pour des anglophones ? Il y avait beaucoup à dire...

Mais les États-Unis m'ont rattrapé. En novembre 2016, il s'est produit un événement dont les conséquences néfastes continuent de se répercuter partout : l'élection d'un *showman* d'extrême droite à la Maison-Blanche. Surfant sur un profond sentiment de dégoût vis-à-vis du *statu quo* et réactivant de vieux ressentiments au fondement de la nation américaine, cette ex-star de la télé-réalité s'est retrouvée à la tête de la première puissance mondiale. Une fois au pouvoir, Donald Trump a lancé la chasse aux immigrés, la guerre aux pauvres, et a choisi d'ignorer le dérèglement climatique. Et pourtant, le 45e président reste apprécié par une part considérable de l'électorat américain. Le putsch manqué du 6 janvier 2021 n'a pas changé la donne. Les divers procès contre lui non plus. Il a même été élu pour un second mandat en novembre 2024.

Pire encore, les alliés idéologiques de Donald Trump semblent gagner du terrain un peu partout. On connaissait Silvio Berlusconi en Italie, il y en a maintenant des versions encore plus caricaturales : en Argentine avec le président Javier Milei, au Salvador avec le président Nayib Bukele, au Brésil avec l'ex-président Jair Bolsonaro, ou au Royaume-Uni avec Boris Johnson et Nigel Farage, les artisans du Brexit. Ces maîtres de l'outrance incarnent ce que l'essayiste Christian Salmon[1] appelle « le pouvoir grotesque » : ils ont compris l'intérêt de traîner dans la boue un jeu politique déjà discrédité aux yeux des électeurs. D'autres misent sur une stratégie de normalisation. Viktor Orbán en Hongrie, Giorgia Meloni en Italie, ou encore les leaders des principaux partis d'extrême droite en Allemagne, en Autriche ou en France, affichent une image de sérieux. Qu'ils soient au pouvoir ou non, ils rêvent d'être des responsables politiques *comme les autres*, des élus compétents auxquels les citoyens peuvent faire confiance.

Toujours est-il que l'extrême droite monte en puissance en France. Arrivée deux fois au second tour de l'élection présidentielle, Marine Le Pen a gagné 3 millions de voix entre les scrutins de 2017 et 2022. Son parti n'a jamais eu autant de députés à l'Assemblée nationale (142) et il vient de réaliser des scores historiques en 2024 aux élections législatives (33 % des voix au premier tour) et européennes (31 % des voix). Deux décennies après le choc du 21 avril 2002, il est devenu affreusement banal de constater que le Rassemblement national a toutes ses chances de remporter la prochaine élection présidentielle. Qui oserait dire le contraire ?

La situation des États-Unis me revient en pleine figure. Plus que les scores électoraux et les nombreux sondages donnant le RN favori, c'est la transformation générale du débat en France au cours des dernières années qui me donne envie de tirer la sonnette d'alarme. En regardant les titres dans les kiosques ou en passant quelques minutes devant les chaînes d'information, il est difficile de ne pas voir que la droite radicale est en train de remporter la bataille des idées. Pas une semaine ne passe sans que l'actualité tourne autour de ses

1. Christian Salmon, *La Tyrannie des bouffons*, Les Liens qui libèrent, 2020.

thèmes de prédilection : l'immigration, l'identité, l'insécurité, l'islam, etc. Les électeurs conservateurs se radicalisent. Certains commencent à prôner des idées qu'ils auraient jugées inacceptables auparavant, d'autres à employer des mots longtemps confinés aux marges. Tout cela a un air familier pour un Américain.

Vu de France, je suis persuadé qu'une meilleure compréhension de la crise démocratique outre-Atlantique peut nous servir. Les États-Unis exercent une influence disproportionnée sur le reste du monde et, qu'on le veuille ou non, les choix de leurs dirigeants ont des conséquences pour nous tous. Analyser les maux traversant la démocratie américaine et les formes de résistance qu'ils suscitent nous aide à comprendre le contexte politique français. Que ce soit le sentiment d'abandon des classes populaires par la gauche, le rôle joué par les médias ou encore la prépondérance des « guerres culturelles » dans le débat public… tout cela appelle une approche comparative, sans *jamais* oublier l'essentiel : on ne compare pas juste pour le plaisir, on le fait parce que c'est un moyen de clarifier les situations.

Rappelons en préambule quelques évidences. Les États-Unis ne sont pas la France. D'un côté, la première puissance économique et militaire du monde, de l'autre la septième économie, en perte d'influence sur le plan international. Nos histoires se distinguent de façon considérable : la nation française s'est bâtie sur les cendres de la féodalité, du pouvoir aristocratique et de la monarchie absolue, la dimension coloniale s'y est imposée avec la république à la fin du XIX^e^ siècle. La nation américaine a été forgée, dès le début, par la dépossession des terres des peuples autochtones, la colonisation (Thanksgiving, la commémoration de la première récolte des colons, est toujours un jour férié) et l'esclavage ; elle reste fondée sur le mythe d'un monde nouveau. Aux États-Unis, le culte du marché a toujours été puissant, les protections sociales quasiment inexistantes. Culturellement… je ne saurais par où commencer.

Cependant nos deux pays ont beaucoup en commun. N'en déplaise aux Britanniques qui nous ont légué une langue (que nous nous sommes permis de revisiter), la France est probablement le pays européen qui ressemble le plus aux États-Unis, du fait à la fois de sa diversité et de son système politique. Même si elles n'ont pas réussi à réaliser pleinement leurs promesses, nos deux républiques sont des modèles d'universalisme qui ont inspiré d'innombrables luttes pour l'égalité et la justice partout dans le monde. Les États-Unis et la France se sont tous les deux construits sur l'immigration, avec des identités nationales modelées par l'arrivée de personnes venues d'ailleurs et de cultures façonnées par le brassage et la mixité, voire la « créolisation », comme disait le poète et philosophe antillais Édouard Glissant, longtemps professeur d'université aux États-Unis. Et ici comme là-bas, la grandeur de nos mythes fondateurs nous empêche parfois de voir les moments sombres de nos histoires respectives.

En 2024, j'ai sillonné les États-Unis, à la rencontre d'électeurs qui incarnent la montée en puissance de la droite radicale, néo-convertis issus des classes populaires, conservateurs tradis, chrétiens évangéliques ou journalistes de chaînes conservatrices. À la rencontre de leurs histoires et de celle de la droite américaine. Sur la route, j'ai aussi croisé ceux qui représentent le désenchantement de la gauche et ceux qui organisent une nouvelle forme de résistance : syndicalistes, ouvriers, militants des quartiers cosmopolites de New York et de Chicago ou jeunes démocrates des zones rurales. Toujours en me remémorant mes rencontres en France, comme un écho qui a traversé l'océan. Ce miroir tendu montre des pistes à suivre et dévoile peut-être des mécanismes à l'œuvre dans la radicalisation de nos deux pays. Dans ce conflit qui risque de se prolonger pour les années à venir, j'ai, je ne le cache pas, plus de sympathie pour le camp progressiste – le camp de l'égalité, de la justice sociale –, mais je pense qu'il est important de bien connaître ses ennemis afin de mieux les combattre.

# La chute

La ville de Weirton a connu des jours meilleurs. À première vue, rien d'extraordinaire dans ce bourg niché au cœur de la vallée de la rivière Ohio, à la pointe nord de l'État de la Virginie-Occidentale, encadré à l'ouest par l'État de l'Ohio et à l'est par la Pennsylvanie, à 60 kilomètres de Pittsburgh. Une poignée de stations-service et de fast-foods accueillent les visiteurs à la sortie de l'autoroute. Les rues sont bordées de petits commerces et d'un nombre impressionnant d'églises. « *Small-town America* », l'Amérique des petites villes, avec quelques touches de ce caractère bien local qui résiste à la monoculture capitaliste.

Mais quand on arrive dans le centre-ville historique, c'est comme si une bombe avait explosé. Ici, pas de piétons. La plupart des magasins sont vides ou fermés, les fenêtres condamnées çà et là. Il règne un silence assourdissant, entrecoupé par le vrombissement des camions et des voitures qui passent mais ont peu de raisons de s'arrêter. Surplombant la vallée, les hauts-fourneaux ne laissent guère de doute sur l'origine du phénomène : si Weirton a pu s'enrichir avec la sidérurgie, le lent déclin de l'industrie l'a ravagée et la ravage encore. Il y a quelques mois, la dernière aciérie de la ville a fermé ses portes pour une durée indéterminée, laissant 900 salariés sur le carreau.

Parmi les victimes, on compte LaTonya « Jo » Smith. Originaire d'un petit village dans l'Ohio, à 40 kilomètres de l'usine, elle est revenue dans sa région natale il y a sept ans pour s'occuper de ses parents et élever ses deux enfants. En tant que femme afro-américaine, elle ne correspondait pas à l'image typique que l'on se fait d'un métallo. Contre l'avis de ses deux fils, elle a quand même réussi à décrocher un poste dans l'usine de fer-blanc locale. Elle a pris goût à ce travail manuel. Avec fierté, elle m'explique comment elle est devenue la première femme dans l'histoire de l'usine à produire ce qu'on appelle un *coil*, une bobine de tôle issue du laminage. Jo doit avoir une quarantaine d'années mais refuse pudiquement de me divulguer son âge exact. « La blague à l'usine, c'était que j'avais 32 ans quand j'ai commencé et que j'avais 32 ans quand je suis partie », me dit-elle en rigolant.

Sur la chaîne, Jo a rapidement gagné la confiance de ses collègues masculins. « Bien sûr, certains pensent que les femmes n'ont pas leur place à l'usine, mais quand ils commencent à te connaître, et quand toi t'hésites pas à les remettre à leur place, ça se passe très bien. » Après avoir passé trois ans dans la production, Jo a fini par accepter un poste administratif dans l'usine, s'occupant des plannings, des factures et des commandes, tout en gardant des liens étroits avec les ouvriers avec qui elle a commencé sa carrière : « C'était comme une famille. Parfois il y avait des mauvaises journées et les gens s'engueulaient, mais au final ils étaient tous frères. Beaucoup ont commencé quand ils avaient 18 ans ; c'est tout ce qu'ils connaissent. »

Si l'ambiance au travail était si positive, c'était aussi dû à la rémunération, presque sans équivalent dans la région pour ceux qui ne sont pas allés à l'université. Comme beaucoup de ses collègues, Jo gagnait un salaire autour de 32 dollars de l'heure. En faisant des heures supplémentaires, elle pouvait facilement franchir la barre des 100 000 dollars annuels. Elle avait aussi droit à une série d'avantages devenus exceptionnels dans le monde du travail de l'Amérique d'aujourd'hui : une pension de retraite garantie par l'employeur, jusqu'à six semaines de congés payés, et une bonne assurance médicale ouvrant le droit à un accès aux soins gratuit ou presque[1]. Comme le dit Jo : « Vous connaissez combien de boulots qui donnent l'accès gratuit aux soins ? Ça n'existe pas. »

Les résidents de la vallée sont habitués depuis longtemps au déclin de la sidérurgie, vivant avec les conjonctures du secteur comme ils vivent avec les saisons, espérant, en vain, qu'un jour la situation s'améliorera. Dans les années 1970, on dénombrait 12 000 salariés de l'entreprise National Steel à Weirton. Mais sous la pression des importations, d'abord du Japon, ensuite de l'Allemagne, du Canada, de la Corée et de la Chine, les vagues de licenciements se sont succédé au fil des années. L'entreprise a changé de mains quatre fois depuis 1980 : Weirton Steel, International Steel Group, ArcelorMittal, Cleveland-Cliffs… Chaque nom est gravé dans la mémoire collective de la vallée. Quelle que soit l'identité de l'employeur, les ouvriers de Weirton ne sont jamais vraiment parvenus à affronter la concurrence internationale. Après une décision du gouvernement américain de ne pas imposer de nouveaux droits de douane sur les importations de fer-blanc, l'employeur a annoncé en février 2024 qu'il n'avait pas d'autre choix que de mettre l'usine à l'arrêt.

Pourtant Jo se considère comme chanceuse. Son mari travaille dans une centrale nucléaire et elle est détentrice d'un *associate's degree*, un diplôme qui est l'équivalent d'un BTS ou d'un DUT en France. Elle s'inquiète surtout du sort de ses anciens collègues. « J'ai parlé avec des hommes en larmes parce qu'ils ne savaient pas ce qu'ils allaient faire. Ils n'ont

1. Accord d'entreprise entre Cleveland-Cliffs Steel LLC et United Steelworkers, 1er septembre 2022 (en ligne sur le site du syndicat).

pas les diplômes pour faire autre chose. Dans notre région, à part l'aciérie, il n'y a vraiment pas grand-chose d'autre. » Sur les 900 salariés, environ 200 ont choisi de prendre une retraite anticipée. Une centaine ont préféré quitter la vallée et accepter des postes dans une autre usine de l'entreprise afin de maintenir leur niveau de vie. Pour ceux qui restent, l'avenir sera rude. « L'ouvrier qui se dit "je ne vais nulle part, je veux rester ici", franchement, je ne sais pas ce qu'il va faire. Des boulots comme ça, il n'y en a plus, regrette Jo. Il y a des boîtes comme McDo, mais bon, regardez les offres d'emploi… Est-ce qu'ils vont retrouver le même niveau de salaire ?[2] »

Une entreprise, Form Energy, est parfois évoquée comme probable successeur. Symbole de la nouvelle « économie verte » promise par l'administration de Joe Biden, une usine de batteries électriques va bientôt ouvrir ses portes à Weirton. Mais en scrutant les détails du projet, on se rend rapidement compte de ses points faibles. L'employeur ne promet « que » 750 postes. Rien ne le contraint à embaucher localement. Et les salaires seront moins élevés qu'à l'aciérie. Sans parler des congés payés, de la pension, de l'assurance médicale…

Weirton n'est pas encore une ville fantôme, même si elle a perdu un tiers de sa population depuis les années 1970, même si le quartier aux alentours de l'aciérie est quasiment vide, même si les maisons tombent en ruine des deux côtés de la vallée. Des milliers d'habitants ont malgré tout fait le choix d'y rester, signe d'une certaine résilience ou d'un profond attachement. Il y a quelque chose de cruel à habiter au milieu de cette infrastructure rouillée, à vivre parmi ces carcasses

2. Peu après notre interview, Cleveland-Cliffs s'est engagé à transformer l'aciérie en une usine de production de transformateurs électriques. L'employeur annonce 600 postes à Weirton, mais pas avant 2026.
Liz Partsch, « Cleveland Cliffs to reopen idled Weirton tin mill facility », *Farm and Dairy*, 31 juillet 2024 (en ligne).

qui n'ont jamais été enterrées et qui rappellent sans cesse les gloires d'un passé lointain : *Voici ce que vous avez perdu. Ce ne sera plus jamais comme avant.*

John Balzano, lui, se souvient très bien de l'avant. Il a commencé sa carrière en 1955, à une époque où la ville de Weirton attirait des milliers d'immigrés italiens comme ses parents. Il se rappelle parfaitement l'un de ses premiers jours à l'usine, quand il a échangé un sandwich préparé par sa mère avec du bon pain italien contre celui d'un de ses collègues, fait de pain de mie américain. « Une grosse erreur ! » s'esclaffe-t-il. Penser à l'âge d'or le rend nostalgique : « Il y avait de la fumée qui sortait des cheminées, il y avait du travail, les enfants allaient à l'école, et les familles étaient heureuses. » À 86 ans, John n'est toujours pas à la retraite. Depuis 1969, il milite au syndicat des salariés de l'aciérie de Weirton, une branche de United Steelworkers. Aujourd'hui, il travaille pour cette organisation syndicale qui est devenue un pilier de la communauté, gérant les avantages et les pensions des adhérents.

À Weirton, on le sait bien, si les salaires sont relativement élevés et les avantages nombreux à l'usine de fer-blanc, ce n'est pas dû à la nature du travail sidérurgique ou à la bonne volonté des propriétaires au cours des dernières décennies. C'est surtout grâce à la présence d'un accord d'entreprise et d'une organisation syndicale. On ne le répétera jamais assez : aux États-Unis, la présence d'un syndicat sur le lieu de travail change tout. Ce point est essentiel pour comprendre les évolutions du monde du travail américain depuis quelques dizaines d'années.

Contrairement à la France, il n'y a jamais eu de conventions collectives instaurant des grilles de salaire ou des droits par secteur d'activité. Depuis le New Deal (une série de réformes mises en œuvre par le président Franklin Roosevelt entre 1933 et 1939, afin de lutter contre la Grande Dépression en relançant l'économie, en réduisant le chômage et en instaurant des protections sociales), le dialogue social aux États-Unis a seulement lieu au sein de l'entreprise… et il n'est même pas obligatoire. Concrètement : avant de pouvoir négocier avec leur employeur, il faut d'abord que les salariés fassent le choix d'être représentés par une organisation syndicale, ce qui passe généralement par une élection organisée par le gouvernement fédéral. C'est ce qu'ont fait les salariés à Weirton en 1950[3], un choix qui continue de porter ses fruits. Alors que le taux de syndicalisation dans le privé aux États-Unis est passé de 24 % en 1973 à 6 % aujourd'hui[4], les salariés de l'aciérie à Weirton, eux, tirent encore les bénéfices de la négociation collective. Même si, aujourd'hui, le syndicat compte plus de retraités que de travailleurs actifs…

Le syndicat des *steelworkers* n'a toutefois rien pu faire contre les nombreuses vagues de licenciements. Progressivement, elles ont saccagé cette ville où presque tout dépendait des usines ; petit à petit, elle s'est vidée de ses habitants. « Quand il y a des licenciements, tout le monde le ressent à sa manière. Cela génère moins d'impôts pour la municipalité, il y a moins d'élèves dans les écoles, moins de gens pour faire leurs courses aux supermarchés. C'est toute la communauté qui est touchée. » S'il en a vu trop pour les compter, John Balzano dit qu'il ne s'est jamais habitué aux licenciements de masse : « Les temps ont changé mais c'est toujours la même douleur. »

Il faut imaginer ce même cycle se répétant inlassablement dans des centaines de villes américaines : l'implantation d'une usine, la création d'emplois donnant un avenir à des personnes non diplômées, la mise en place d'une organisation syndicale,

3. « Labor History », *The West Virginia Encyclopedia Online* (en ligne).
4. Barry Hirsch, David Macpherson et William Even, « Union Membership, Coverage, and Earnings from the CPS », *unionstats.com*, 2024 (en ligne).

et puis la lente destruction de ces emplois. La disparition du syndicat aussi. L'effritement de tout un mode de vie et d'une culture populaire. C'est, en quelques mots, l'histoire de la Rust Belt, le bassin industriel historique s'étendant de l'ouest de l'État de New York jusqu'au Missouri. Les années 1980 et 1990 ont été particulièrement rudes ici, mais le rouleau compresseur de la désindustrialisation a continué de tourner. Selon les chiffres du gouvernement fédéral – du Bureau of Labor Statistics –, les États-Unis ont encore perdu 17 % de leurs « emplois de production » entre 2007 et 2020[5]. Malgré les objectifs fixés par l'administration de Joe Biden, la fameuse « renaissance industrielle » n'est pas encore arrivée[6].

C'est vrai, les Américains sont moins familiers du chômage de masse, ce fléau qui ravage de vastes territoires en France depuis des décennies, mais c'est en grande partie parce que la classe politique aux États-Unis a décidé de régler autrement le problème des licenciements massifs dans l'industrie, sans indemnisation de longue durée ni formation. En l'absence d'un filet de protection sociale (et souvent de l'accès aux soins à un prix abordable), les Américains sont poussés à accepter des emplois très précaires. Marche ou crève, ce n'est pas qu'un slogan politique aux États-Unis. Dans la vallée autour de Weirton, par exemple, on peut facilement trouver du travail, mais il s'agit surtout de postes mal rémunérés dans le tertiaire : caissier, serveur, vendeur, aide-soignant, agent d'entretien, et un nombre infini de petits boulots dans les fast-foods[7]. Il va de soi que ces postes sont « non syndiqués » : pas d'accord d'entreprise, aucune négociation collective avec l'employeur

5. Paul Garbarino et Elizabeth Cross, « As manufacturing sector changes, production occupations disappear: an analysis of employment from 2007-20 », Note de *Beyond the Numbers*, U.S. Bureau of Labor Statistics, novembre 2023 (en ligne).
6. Adam Cancryn, « Biden's manufacturing boom is underway. But the jobs haven't followed yet », *Politico*, 19 janvier 2024 (en ligne).
7. Ted Boettner, « Low-Wage Jobs Are the Future in Ohio River Valley Without Policy Change », *Ohio River Valley Institute*, 10 novembre 2020 (en ligne).

et zéro protection contre les licenciements. Dans ces emplois solitaires et précaires, on ne retrouve pas non plus l'esprit collectif de l'usine, le sentiment d'appartenir à quelque chose de plus important, cette fierté que « Jo » Smith avait découverte.

À Wheeling, une ville à une demi-heure de route au sud de Weirton, toujours en Virginie-Occidentale, je rencontre John Russell, un journaliste pigiste de 34 ans qui a grandi juste à côté. Il m'invite dans une pizzéria qui donne sur la rivière Ohio, où il semble connaître tout le monde. Wheeling, m'explique-t-il, va sans doute mieux que Weirton, et cela se voit tout de suite. C'est le centre administratif du comté, il y a une cour fédérale, quelques cabinets d'avocats et des services de santé. Et pourtant cette ville non plus ne s'est jamais vraiment remise du déclin de l'industrie sidérurgique : depuis 1980, elle a perdu presque 20 000 habitants. Quand je demande à John à quoi ressemble un « bon boulot » dans la région pour quelqu'un qui n'a pas de diplôme, il lâche un rire nerveux et secoue la tête. « Je pense que la réponse est dans ta question. Il n'y en a pas. » La fuite des cerveaux est encore un autre problème, la trajectoire de John en est la preuve. Après ses études, il est parti ailleurs pour débuter sa carrière, avant d'y revenir pour couvrir cette région en tant que journaliste.

Le constat est unanime. Aux États-Unis, comme en France, des zones auparavant riches sont en pleine déliquescence. Mais nous oublions parfois les effets de cette désindustrialisation sur les mentalités des personnes qui ont fait le choix de rester. Rien à voir avec la pauvreté qui existe dans des grandes villes ou à la campagne. Dans les zones frappées par la désindustrialisation, beaucoup de résidents ont connu un âge d'or et ils savent pertinemment ce qu'ils ont perdu. S'il y a de la nostalgie dans l'air, il y a de l'amertume aussi. Des centaines de villes moyennes (entre 20 000 et 80 000 habitants pour les États-Unis) baignent dans cet état d'esprit : Youngstown dans l'Ohio, Gary dans l'Indiana, Bethlehem en Pennsylvanie. Longwy, Thionville, Hénin-Beaumont, Saint-Omer... En France aussi la liste est longue. Et cela a évidemment des conséquences politiques.

Vers la fin de ma visite à Weirton, je suis entré dans un bar en face des anciennes portes rouillées de l'usine, visiblement abandonnées depuis un bon moment. Après avoir commandé un Coca, j'ai commencé à discuter avec la patronne, Carol, une femme de 59 ans très bavarde. À l'heure du déjeuner, il n'y avait qu'un seul client, un homme portant la casquette de l'équipe locale de base-ball, les Pirates de Pittsburgh, sirotant une bière en silence. Quand les usines tournaient, raconte Carol, le bar était noir de monde, même à 7 heures du matin, après le service de nuit. Fille d'un délégué syndical, elle a vu la transformation de l'aciérie ou plutôt son déclin. Quand elle pense à l'avenir de Weirton, elle ne mâche pas ses mots : « Cette ville est foutue, on est tout simplement dans la merde. » Puis, sans hésitation, elle commence à parler politique. « Franchement, moi, j'en ai rien à foutre, je vais voter pour le criminel. »

*

Il est impossible de comprendre le vote de l'extrême droite sans s'intéresser aux conditions économiques et sociales des territoires où il se développe. Et aux États-Unis tout comme en France, force est de constater qu'une partie importante de l'électorat d'extrême droite est issu des classes populaires. C'est en particulier le cas dans des régions autrefois prospères mais aujourd'hui laissées à l'abandon, souvent avec l'acquiescement passif des élus et des partis politiques supposés les défendre. En d'autres termes, ce sont des zones où nos deux démocraties n'ont pas su tenir leurs promesses de protection des citoyens.

Les gouvernements y ont profité des périodes fastes avant de se résigner dans les moments de crise, mettant leur foi dans la puissance du marché ou dans le dogme du libre-échange. Les conditions de vie y stagnent ou se dégradent. En parallèle, les organisations syndicales sont en recul alors qu'elles étaient à la fois vectrices de conscience de classe et de sociabilité. De façon générale, les liens sociaux s'y distendent au fil des années, conduisant à une atomisation dont on n'a pas encore pleinement pris la mesure. Dans de telles conditions, les citoyens finissent logiquement par perdre confiance dans la capacité de la classe politique à régler les problèmes. Aux États-Unis, où le rôle de l'État a toujours été moins fort qu'en France, ce manque de confiance est plus profond, plus criant, plus inquiétant. Et c'est justement dans cette béance que s'installent les discours accusant des groupes minoritaires d'être à l'origine de tous les maux. Des discours qui à force d'être répétés finissent par être normalisés.

N'en déplaise à ceux qui refusent de voir les choses en face, une partie des classes populaires – l'électorat de gauche historique – penche vers l'extrême droite. Oui, il y a toujours eu des ouvriers et des employés qui ont voté à droite, en France comme aux États-Unis. Ces derniers sont souvent plus croyants que la moyenne, partageant des valeurs conservatrices sur des questions sociétales comme la place de la religion dans l'espace public, le rôle de la famille et les rapports avec l'autorité. Rien de nouveau sous le soleil. Sauf qu'aujourd'hui la base populaire de la droite s'élargit des deux côtés de l'Atlantique. C'est loin d'être la seule raison de leur succès, mais c'en est une : les discours du Parti républicain et du Rassemblement national séduisent de plus en plus les classes populaires. Il suffit de regarder les résultats des élections les plus récentes.

En 2024, Donald Trump a obtenu 56 % des voix des électeurs américains sans diplôme universitaire, dont 66 % des

Blancs sans diplôme[8]. Au second tour de l'élection présidentielle de 2022, Marine Le Pen a recueilli 50 % des voix des électeurs n'ayant pas le bac[9]. Plus frappant encore, le RN a obtenu 49 % des voix de cette même catégorie de population lors du premier tour des législatives en 2024[10]. Or, dans ces deux pays, les électeurs les moins diplômés votaient historiquement à gauche, et ce jusqu'à très récemment. Au second tour de l'élection présidentielle de 2012, 59 % des électeurs sans diplôme ont glissé dans l'urne un bulletin pour François Hollande[11]. En 2008, le jeune Barack Obama a obtenu 53 % des voix des non-diplômés, dont 40 % des Blancs sans diplôme[12].

Évidemment, la détention d'un diplôme universitaire n'est pas intrinsèquement corrélée à une classe sociale particulière. Le concept de classe fait plutôt référence à la position occupée dans l'économie ou, plus précisément, dans les rapports de production. Est-ce qu'on touche un salaire ? Ou est-ce qu'on vit grâce au labeur des gens qu'on embauche ? Ou grâce au capital que l'on détient ? Aux États-Unis, il est possible de devenir patron et bien gagner sa vie sans diplôme. Demandez aux centaines de milliers d'Américains qui travaillent dans l'immobilier, aux propriétaires de petits commerces, ou, pour reprendre l'exemple classique, à ceux qui ont fait le choix de devenir concessionnaires automobiles – comme l'a observé Hunter S. Thompson avec un brin d'ironie à la fin des années 1970, « nous sommes une nation de 220 millions de vendeurs de véhicules d'occasion ». Évidemment, il ne faut pas exagérer l'ampleur du basculement à droite des classes populaires : le Parti démocrate, comme la gauche en France,

8. « National Exit Polls », *NBC News* (en ligne).
9. « Second tour : profil des abstentionnistes et sociologie des électorats », *Ipsos*, 24 avril 2022 (en ligne).
10. « Sociologie des électorats – Législatives 2024 », *Ipsos*, 30 juin 2024 (en ligne).
11. « 2nd tour présidentielle 2012 – Comprendre le vote des Français », *Ipsos*, mai 2012.
12. David Kuhn, « Exit polls: How Obama won », *Politico*, 5 novembre 2008 (en ligne).

continue de bénéficier du soutien des électeurs ayant les plus faibles niveaux de revenus. Lors de la dernière élection présidentielle, Kamala Harris a obtenu 50 % des voix des électeurs appartenant à des foyers gagnant moins de 30 000 dollars annuels. Et au premier tour des législatives, le Nouveau Front populaire a fait un score de 35 % chez les électeurs gagnant moins de 1 250 euros mensuels nets, cinq points de plus que son score total. Mais il existe tout de même un lien entre le niveau d'études et l'appartenance à une classe sociale. Les plus riches vont à l'université ; les plus défavorisés n'y vont pas. Malgré les évolutions de la société américaine, les non-diplômés restent majoritaires. En 2024, 57 % des électeurs américains n'avaient pas de diplôme universitaire.

Lorsqu'on analyse l'électorat américain sous le prisme des catégories socioprofessionnelles, la recomposition politique est encore plus visible. Mais ces données sont en réalité difficiles à obtenir, les instituts d'opinion américains demandant peu aux sondés de se définir en fonction de leur métier (un réflexe sans doute lié à l'habitude américaine de nier les divisions sociales). C'est en épluchant une grande enquête d'opinion annuelle, le *General Social Survey*, que le chercheur en sciences politiques Jared Abbott a révélé la présence du basculement : en 1972, plus de 60 % des ouvriers et des employés s'identifiaient comme démocrates. En 2020, ils étaient moins de 40 %[13]. Des chiffres incontestables.

Dans les régions touchées par la désindustrialisation et le déclin démographique, la recomposition politique est impressionnante. Prenons, par exemple, le comté de Hancock, dans lequel se trouve la majeure partie de la ville de Weirton. De la présidence de Franklin Roosevelt jusqu'à l'ère de Bill Clinton,

13. Jared Abbott, « Class Dealignment Is the Defining Political Challenge of Our Time », *Jacobin*, 26 avril 2024 (en ligne).

les électeurs votaient régulièrement pour les démocrates aux élections présidentielles, avec une seule exception en 1972. En 2000, George W. Bush a remporté le comté avec une petite marge de 200 voix et, depuis, le vote républicain ne cesse d'augmenter. Vingt-quatre ans plus tard, Donald Trump y a récolté 73 % des voix. Les sidérurgistes penchent encore plus en faveur des républicains. « Ils doivent être à 95 % pour Trump », estime John Balzano.

Ce même phénomène se répète un peu partout dans la Rust Belt avec des conséquences profondes sur l'ordre politique américain. Le virage à droite d'une partie des classes populaires a transformé les anciens *Swing States* (ces États clés lors des élections présidentielles américaines, où les électeurs oscillent entre les candidats républicains et démocrates et peuvent faire basculer le scrutin) que sont l'Indiana, l'Ohio et le Missouri en États solidement républicains. Parallèlement, le Michigan, la Pennsylvanie et le Wisconsin, trois États qui votaient historiquement pour les démocrates aux élections présidentielles, sont quant à eux devenus des *Swing States*. Un État en particulier a même basculé du camp démocrate au camp républicain : la Virginie-Occidentale. Que s'y est-il donc passé ?

*

Plutôt que de se demander pourquoi les classes populaires des zones frappées par la désindustrialisation votent à droite, on pourrait plutôt s'interroger sur les raisons qui ont fait que la gauche a perdu ces électeurs. Et il ne suffit pas de pointer du doigt la mondialisation. Le Parti démocrate a une lourde part de responsabilité dans ce basculement ; il a adopté des politiques et des stratégies électorales bien identifiables qui ont conduit au divorce avec une partie de son électorat historique.

En 1994, c'est le président démocrate Bill Clinton qui fait le choix de signer l'Accord de libre-échange nord-américain (l'Alena), entraînant la suppression des droits de douane entre les États-Unis, le Canada et le Mexique. On a tendance à l'oublier aujourd'hui, mais quand Bill Clinton, jeune gouverneur de l'Arkansas (il a alors 46 ans), est élu en 1992 après trois mandats républicains successifs à la Maison-Blanche, il représente l'espoir d'une politique nouvelle. Espoir qui s'est rapidement évanoui. Sur les questions économiques, le président Clinton a intégré les piliers de l'idéologie du républicain Ronald Reagan : méfiance envers l'interventionnisme et foi dans le marché. « Quand Bill Clinton voulait se faire élire [en 1992], il est venu à Weirton, il a dit qu'il allait tout faire pour sauver la sidérurgie. Puis il est devenu président, et il n'a rien fait, se rappelle John Balzano. Les gens ici n'oublient pas. »

Souvenons-nous : en 1992, les États-Unis vivent une profonde crise politique. Quelques mois avant l'élection présidentielle, le candidat Clinton et le président Bush étaient tous les deux devancés dans les sondages nationaux par le candidat indépendant Ross Perot, un milliardaire texan qui avait fait fortune dans l'informatique et qui surfait sur une immense vague de colère contre l'*establishment* de Washington[14]. Une sorte de Trump avant l'heure, si on veut. Lors d'un débat télévisé, Ross Perot avait alerté sur les dangers de l'accord de libre-échange alors en cours de négociation. Selon lui, l'Alena risquait de déclencher une vague de délocalisations au Mexique, produisant ce qu'il a appelé, avec son accent de cow-boy, un « *giant sucking sound* », un « bruit de succion géant ». Perot a perdu l'élection, mais cette image est restée dans l'esprit des Américains. Elle y est restée d'autant plus facilement qu'il avait raison.

14. « Perot The Front Runner », *Time*, 15 juin 1992.

Selon le département du Travail américain, l'Alena a contribué à la perte d'au moins 980 000 emplois aux États-Unis[15]. L'accord a sans doute profité à certains secteurs comme l'agroalimentaire. Mais même ses plus fervents défenseurs reconnaissent que d'autres filières, notamment le textile et l'industrie automobile, ont été dévastées : les employeurs ont rapidement compris l'intérêt de délocaliser leurs usines au Mexique. Et les licenciements de masse ont toujours des répercussions plus importantes que prévu. Ce ne sont pas seulement les ouvriers qui sont impactés, mais leurs conjoints, leurs enfants, leurs amis aussi… toute la communauté. Qu'est-ce qu'on retient de Bill Clinton à Weirton, par exemple ? Qu'il a signé l'Alena et qu'il n'a rien tenté pour sauver la sidérurgie.

Un autre « bruit de succion géant » s'est aussi fait entendre dans les années 1990 : moins connues que celles dues à l'Alena, de nombreuses délocalisations ont eu lieu à l'intérieur même des États-Unis. Une importante migration industrielle, de la Rust Belt à la Sun Belt, qui s'étend sur une dizaine d'États dans le Sud des États-Unis. Pourquoi le Sud ? C'est très simple. Le coût du travail y était moins élevé et le syndicalisme moins bien implanté. À quoi bon ouvrir une autre usine dans le Michigan ou dans l'Ohio quand vous pouvez produire exactement la même chose en Floride pour moins cher ? Et qu'il y a moins de risque de voir un syndicat s'installer, vous obligeant à revoir les salaires à la hausse et offrir des congés payés supplémentaires ?

15. Plus précisément, le département du Travail gère un programme d'aide financière pour les salariés qui ont perdu leur emploi à cause du commerce international (*Trade Adjustment Assistance*). En octobre 2019, l'ONG Public Citizen a calculé que 980000 personnes touchées par l'Alena se sont inscrites à ce programme au fil des années. Avant de verser les aides (allocations, formations, prime de déménagement…), le département du Travail doit d'abord établir que le commerce international a contribué à la perte de l'emploi en question. Voir « Fact Sheet: NAFTA's Legacy: Lost Jobs, Lower Wages, Increased Inequality », *Public Citizen*, septembre 2019 (en ligne).

Logiquement, le déplacement de l'industrie de la Rust Belt à la Sun Belt a contribué à l'affaiblissement du syndicalisme américain. Moins d'usines dans le Nord, donc moins de syndicalisme. Pendant la présidence de Bill Clinton, le taux de syndicalisation est passé de 15,7 % à 13,5 %[16]. Au-delà de l'impact sur le monde du travail, la baisse du nombre de syndiqués a eu des conséquences politiques. Aux États-Unis, il n'y a pas de charte d'Amiens[17] qui proclame l'indépendance du mouvement ouvrier vis-à-vis des partis politiques. Les syndicats américains sont même des acteurs politiques majeurs. Ils versent de l'argent directement aux candidats démocrates et leurs adhérents sont beaucoup plus enclins à voter pour ces derniers, même lorsqu'ils habitent dans des zones qui favorisent les républicains. En menant des politiques industrielles qui contribuaient au déclin du syndicalisme, les démocrates ne risquaient-ils pas de perdre des électeurs ?

On aurait pu s'attendre à des mesures pour compenser cette perte potentielle. Par exemple, des propositions de loi pour faciliter la création de nouvelles organisations syndicales, comme le réclamait depuis des décennies la principale confédération syndicale, l'AFL-CIO (American Federation of Labor – Congress of Industrial Organizations). Ou des lois pour décourager les délocalisations. Ou encore des mesures simples et directes pour améliorer le quotidien des personnes les plus défavorisées, restaurant ainsi leur confiance en l'État. Rien de tel n'a eu lieu. Bill Clinton avait d'autres priorités. Le président a plutôt donné son aval à une importante réforme des aides sociales, limitant les conditions d'accès et réduisant les

16. Barry Hirsch, David Macpherson et William Even, « Union Membership, Coverage, and Earnings from CPS », *unionstats.com* (en ligne).
17. La charte d'Amiens, adoptée en 1906 par la Confédération générale du travail (CGT) lors de son congrès à Amiens, est un texte fondateur du syndicalisme français. Elle définit les principes fondamentaux de l'action syndicale en insistant sur l'indépendance des syndicats par rapport aux partis politiques et sur la lutte pour l'émancipation des travailleurs.

allocations. Il a limité les dépenses du gouvernement fédéral afin d'équilibrer le budget. Il a promulgué une loi qui a libéralisé une partie du secteur financier. Les travailleurs les plus précaires ont quand même eu droit à quelques miettes : deux petites hausses du salaire minimum fédéral, passé de 4,25 à 5,15 dollars de l'heure.

Si elles peuvent sembler éloignées d'un programme de gauche, ces décisions s'inscrivaient en réalité dans le cadre d'une nouvelle stratégie électorale du Parti démocrate. Pendant la campagne de 1996, Bill Clinton a popularisé le terme *soccer moms*, ces femmes qui, dans l'imaginaire collectif, habitent les banlieues pavillonnaires et passent leurs journées à transporter leurs enfants à différentes activités sportives. En d'autres termes : des électrices modérées. Pour éviter qu'elles ne basculent du côté républicain, il fallait les convaincre de rejoindre la coalition démocrate. Le parti de Clinton pouvait donc s'intéresser un peu moins aux ouvriers de l'automobile ou aux sidérurgistes comme « Jo » Smith : l'avenir se jouait ailleurs, dans les banlieues. L'obsession pour cette partie de l'électorat persiste d'ailleurs aujourd'hui. Quelques mois avant la déroute de novembre 2016, le sénateur de New York Chuck Schumer a eu le malheur de prononcer les mots suivants : « Pour chaque vote ouvrier qu'on va perdre dans l'ouest de l'État de la Pennsylvanie, on gagnera deux républicains modérés dans la banlieue de Philadelphie. Et vous pouvez répéter ça dans l'Ohio, en Illinois et dans le Wisconsin[18]. » Finalement, Donald Trump a emporté trois des quatre États en question.

La calamiteuse stratégie démocrate des années 1990 ressemble étonnamment à « la fin de la coalition ouvrière »

18. Jim Geraghty, « Chuck Schumer: Democrats will lose blue-collar whites but gain in the suburbs », *National Review*, 28 juillet 2016 (en ligne).

française, décrite dans un rapport de la fondation Terra Nova en 2012[19]. Selon cette étude destinée aux cadres du Parti socialiste, la base populaire de la gauche était en train de s'effriter, mais il ne fallait pas s'inquiéter. Elle était, de toute façon, vouée à l'extinction d'un point de vue démographique. Il fallait reconstruire une base ailleurs, en allant chercher les voix de quatre catégories différentes : les diplômés, les jeunes, les femmes, et « les minorités et les quartiers populaires[20] ». Aujourd'hui, il semble incohérent d'opposer ces catégories de la population aux ouvriers, comme s'ils avaient tous des intérêts distincts et irréconciliables, mais cela en dit beaucoup sur l'approche du PS à l'époque. Comme les démocrates, les socialistes ont chèrement payé leurs choix.

On peut voir les présidences de Barack Obama et de François Hollande comme les derniers jours de gloire d'une certaine gauche de gouvernement. Dans les deux pays, la gauche avait une occasion en or de renouer avec les ouvriers et les employés qui habitent hors des grandes villes. Elle était arrivée au pouvoir avec des marges de manœuvre substantielles mais elle a échoué de manière évidente. François Hollande n'a lancé aucune politique sociale ambitieuse, tout comme Obama. À son arrivée à Washington en janvier 2009, celui-ci bénéficie d'une majorité dans les deux chambres du Congrès, avec une avance très confortable au Sénat. Face à la récession, il avait la possibilité de tout refaire, de proposer un nouveau consensus, comme Reagan trente ans avant lui. Or Barack Obama a voulu conserver une image « bipartisane », cherchant à faire des compromis avec ses adversaires les plus acharnés. La conséquence ? Le taux de chômage a baissé au cours de son mandat, mais l'emploi dans le secteur industriel

19. Bruno Jeanbart et Olivier Ferrand, *Gauche, quelle majorité électorale ?*, rapport de la fondation Terra Nova, 10 mai 2011 (en ligne).
20. *Ibid.*

n'a jamais repris son niveau d'avant crise. Certains emplois ont été définitivement supprimés. Même Joe Biden en a tiré des leçons. En 2021, le niveau de dépenses publiques de son plan de relance était deux fois et demie plus élevé que celui de son prédécesseur démocrate.

Contrairement à Bill Clinton, Barack Obama a néanmoins réalisé une avancée sociale pour des millions de personnes. Il s'agit de sa réforme de l'assurance médicale, mieux connue sous le nom d'« Obamacare », qui a contribué à une réduction importante des coûts des soins de santé. Malheureusement, cette réforme souffre de nombreuses lacunes. D'abord, exception faite des assurés les plus âgés (rattachés au système public de Medicare depuis 1965) et les plus pauvres (rattachés au système public de Medicaid depuis 1965), les Américains restent tributaires des grands assureurs privés. Ensuite, si la réforme oblige les premiers à souscrire à une assurance médicale, et les derniers à respecter un certain nombre de critères, les coûts des polices d'assurance restent très élevés. Pour une personne seule, le prix mensuel moyen d'une assurance s'élève ainsi à 477 dollars[21]. Sans parler du coût résiduel des « prestations » elles-mêmes. Je n'utilise pas le mot « prestations » par hasard : aux États-Unis, on continue de considérer la santé comme un secteur économique, apportant de la valeur ajoutée. De leur côté, les entreprises pharmaceutiques n'hésitent pas à faire grimper les prix des médicaments, sachant que les assureurs vont transférer ces coûts aux clients à travers la hausse des tarifs d'assurance.

Pour comprendre la rupture entre le Parti démocrate et une partie des classes populaires, il faut bien saisir les défauts du système de santé américain. Après tout, on pourrait se demander pourquoi les électeurs n'associent pas le parti de

21. Lora Shinn, « How much does health insurance cost ? », *Investopedia*, 4 octobre 2024 (en ligne).

Barack Obama à une amélioration de leur vie quotidienne. En réalité, d'innombrables problèmes subsistent. Une décennie après l'Obamacare, la santé reste pour beaucoup d'Américains une source d'angoisse difficilement imaginable en France.

*

Grâce à un ami, j'ai rencontré Mindy Salango, une mère de famille de 50 ans qui habite à Morgantown, une ville universitaire du nord de la Virginie-Occidentale. Aujourd'hui, Mindy travaille pour une association locale qui milite dans le domaine de la santé. Ce n'est pas la carrière qu'elle aurait souhaitée, mais la vie lui a réservé des surprises.

Un diabète de type 1 lui a été diagnostiqué à l'âge de 21 ans. Pour contrôler l'hyperglycémie constante provoquée par cette maladie auto-immune, les diabétiques doivent s'injecter de l'insuline plusieurs fois par jour. Longtemps, Mindy a été rattachée à l'assurance médicale de son mari, une assurance qui prenait ses médicaments en charge sans problème. Mais il y a dix ans, Mindy a divorcé. Elle a donc été obligée de changer d'assurance et de souscrire à celle proposée par son entreprise. Au moment de compléter les formalités, elle a reçu un appel alarmant de la DRH : « Elle m'a dit : “Madame, je commence à m'inquiéter pour vous, vous êtes sûre de ne pas vouloir rester mariée ? Vous pourriez peut-être rester mariée tout en gardant des domiciles séparés ?” J'ai répondu : “Non, désolée, c'est vraiment trop tard.” Bon, il se trouve qu'elle avait raison. »

Du jour au lendemain, avec sa nouvelle assurance, le prix de l'insuline est monté de 35 à 550 dollars par mois. Au début, Mindy s'est dit qu'elle avait de la chance. Pour certains, le prix pouvait s'élever jusqu'à 1 200 dollars. Pendant des mois, elle a fait des sacrifices, croyant se débrouiller. Puis, un jour, la situation est devenue critique. En regardant son compte bancaire, Mindy a compris qu'il lui fallait choisir entre les courses ou l'insuline. Et il était hors de question de ne pas donner à manger à sa fille. « J'ai commencé à rationner l'insuline, se souvient-elle. Je ne dormais plus, j'avais peur de me coucher, j'avais peur que ma fille me retrouve morte le lendemain. J'ai réussi à tenir quatre jours sans insuline. En général, on dit que tu peux survivre un maximum de soixante-douze heures. »

Au sortir de cette crise, Mindy décide de s'engager pour améliorer l'accès à la santé. Comme une promesse à elle-même. Elle commence à parler ouvertement de son vécu et poste des messages sur les réseaux sociaux. Elle finit par devenir militante à temps plein. « Une dame m'a contactée sur Facebook et m'a dit : "Mon mari est entre deux boulots. Il n'a pas encore accès à sa nouvelle assurance. Ça fait quelques jours qu'il ne prend pas d'insuline et j'ai peur." Je lui ai répondu tout de suite : "Vous êtes où ? Rencontrons-nous et je vous donnerai un peu de mes réserves." On s'est retrouvées à la station-service, je lui ai donné ce que j'avais. J'ai vu le monsieur se faire son injection dans sa voiture, puis il a mis sa tête sur le tableau de bord. Et il a fondu en larmes. J'ai pensé "ça, c'était moi". Ça m'a détruite de voir quelqu'un vivre la même expérience que moi. Je me suis dit : c'est juste pas possible. C'est pas possible de continuer comme ça. »

Même s'il a amélioré la situation, l'Obamacare est donc loin d'avoir donné un accès universel aux soins et aux médicaments à tous les Américains. L'accès à l'insuline à un prix abordable n'est d'ailleurs qu'un problème parmi d'autres. La plupart des résidents de Virginie-Occidentale vivent dans des déserts médicaux et sont obligés de faire des heures de route pour des rendez-vous avec des spécialistes. En effet, les assurés américains n'ont accès qu'à un nombre limité d'hôpitaux et de cliniques, selon une sélection qui dépend de l'assurance souscrite. Les assureurs n'hésitent pas quant à eux à rejeter des demandes de remboursement, laissant les assurés avec des factures médicales surprises, comme partout aux États-Unis. Un Américain sur cinq a une dette médicale. Selon un rapport de 2019, la dette médicale est même responsable de la faillite personnelle de 500 000 Américains tous les ans[22]. Enfin, si le programme Medicare s'adresse aux plus pauvres, il alimente aussi une forme de ressentiment chez ceux qui sont juste au-dessus des plafonds…

*

La Virginie-Occidentale a subi une transformation politique extraordinaire au cours des quarante dernières années. Parmi les États historiquement démocrates, c'est celui qui a vécu le changement le plus brutal. En 1980, elle était l'un des six États à résister aux chants de sirènes de Ronald Reagan. En 2000, c'est devenu un *Swing State*, partagé entre les deux partis principaux. Mais en 2024 Donald Trump y a enregistré un de ses meilleurs scores, obtenant sept voix sur dix. Bien évidemment, le soutien à Trump ne se limite pas à la zone désindustrialisée s'étendant sur la partie nord-ouest de l'État. La Virginie-Occidentale est surtout très rurale, et le message des républicains séduit beaucoup dans ces territoires – dans ces villages isolés où les résidents sont plus croyants que la moyenne et où l'industrie ne s'est jamais vraiment développée.

En prenant la route vers le sud, on traverse le cœur des Appalaches, ces collines ondulantes et majestueuses qui longent toute la partie est des États-Unis. Et on comprend

22. Jesse Bedayn, «States confront medical debt that's bankrupting millions», *Associated Press*, 13 avril 2023 (en ligne).

pourquoi on l'appelle le *Mountain State*. On y croise peu de villages ; peu d'activités humaines tout court. Puis le paysage commence à changer. Dans la partie méridionale de l'État, les montagnes sont moins hautes, plus raides, plus intimidantes. Les habitants du coin ont donné un nom spécifique à ces vallées où viennent se nicher des ruisseaux et des villages : les « *hollers* ». Mais tout n'est pas si bucolique. Au bord de la route, on observe d'immenses piles noires et des sortes de toboggans géants. Ce sont des lavoirs à charbon.

En effet, la partie sud de la Virginie-Occidentale est traversée par l'un des bassins miniers historiques des États-Unis. Contrairement aux idées reçues, l'industrie n'est pas complètement morte. Des dizaines de mines de charbon sont toujours actives. Quelques milliers de personnes continuent à gagner leur vie dans ces mines, là où « il fait sombre comme un donjon, humide comme la rosée », chantait Merle Travis. Mais le secteur est en net recul depuis la présidence de Barack Obama, mis en difficulté par les effets de nouvelles réglementations environnementales et par la concurrence d'autres sources d'énergie moins chères.

Comme dans le Nord-Pas-de-Calais, les parents et les grands-parents de nombreux habitants ont travaillé dans les mines et la nouvelle génération a changé d'orientation politique. Mais les similarités s'arrêtent là. Le sud de la Virginie-Occidentale est très isolé et il n'y a pas de grande agglomération urbaine. On se croirait plutôt dans les Pyrénées, dans un de ces bourgs où le soleil se cache derrière les montagnes et où l'on passe la majeure partie de la journée dans l'ombre. Il y a quelque chose d'européen dans cette succession de villages qui n'ont jamais été striés par les grandes autoroutes fédérales. Mais les drapeaux *Make America Great Again* qu'arborent les mobile homes ne laissent planer aucun doute. On est bien aux États-Unis, sur des terres résolument trumpistes. Le sud de la Virginie-Occidentale est une des régions les plus pauvres de tout le pays. L'espérance de vie y est de 70 ans, niveau de l'Irak ou des Philippines. Et pourtant, ici, on vote à droite.

Je me suis arrêté à Matewan, un village de 400 habitants près de la frontière avec le Kentucky. Devant un des deux restaurants de la rue principale, je rencontre Beth Dodson, une serveuse de 59 ans. Comme à Weirton, il y a un mélange de nostalgie et de rancœur dans ses paroles. Sauf qu'ici, sa frustration est liée à la fermeture des mines. « Les mines de charbon ont marqué le début des classes moyennes [*the middle class way of life*]. Finalement tout a commencé ici et tout s'est terminé ici. Obama a tué les mines et la fin des mines a tué les classes moyennes. » Selon elle, les démocrates en portent la responsabilité intégrale. « Ils ont tout pris aux gens d'ici. Les mines de charbon, c'est tout ce qu'on avait. »

À la différence de la Rust Belt, les Appalaches ont toujours été une région pauvre. Un symbole de sous-développement et de l'incapacité de l'État à servir ses citoyens les plus démunis. Si on était en Afrique ou en Amérique latine, on dirait « une zone d'extraction ». Avec le soutien du syndicat United Mine Workers of America, la population locale a réussi à capter une part des richesses produites au fil du temps, mais l'économie ne s'est jamais diversifiée. Aujourd'hui les communes locales comptent sur leurs circuits automobiles pour les véhicules tout-terrain afin d'attirer des touristes et de générer des revenus. Évidemment, cela ne remplace pas les mines.

Beth Dodson jure qu'elle n'a jamais voté pour un candidat républicain avant 2012, l'année de réélection de Barack Obama, et elle formule des critiques bien argumentées. Mais son discours vire parfois au complotisme. « Les politiques d'Obama ont même touché au réseau d'électricité.

Aujourd'hui, l'électricité fonctionne moins bien. Ils nous envoient de l'électricité de la Pennsylvanie et nos appareils fonctionnent moins bien. C'est juste horrible. »

Donald Trump n'a pas tenu sa promesse de rouvrir les mines de charbon, mais Beth Dodson estime quand même que l'économie allait mieux lors de son premier mandat. « Je pense qu'il l'aurait fait si ç'avait été possible. En tout cas, pendant quatre ans, les choses allaient un peu mieux. C'est un fait. Évidemment, je vais voter pour lui, il n'y a pas de doute. Et je ne connais pas une seule personne qui votera autrement ici. »

En réalité, la ferveur trumpiste cohabite avec une forme de résignation profonde. Beaucoup ne votent pas. Comme Kassidi Lester, une femme de 24 ans qui travaille dans une épicerie à Matewan et qui habite dans le village de Hardy, à quinze minutes en voiture dans le Kentucky. Elle a du mal à boucler ses fins de mois. Son conjoint est au chômage, elle s'en sort à peine avec ce petit boulot. Mais elle ne voit pas l'intérêt de la politique. « Quel que soit le parti au pouvoir, je pense qu'on se fait avoir. Je vois les choses comme ça. » Elle n'a jamais voté et elle n'a pas l'intention de le faire de sitôt. « Je pense que ça ne sert à rien. » Un des parents de Kassidi est afro-américain et elle dit qu'elle souffre parfois du racisme dans cette région très blanche. Il est déjà compliqué de vivre ensemble. Pourquoi créer encore du conflit ?

Si le taux d'abstention a tendance à monter en France, il est encore plus élevé aux États-Unis. Même à l'élection de 2020, où un nombre record d'Américains se sont rendus aux urnes, le taux de participation n'a pas dépassé 66 %[23]. Et comme en France, ceux qui touchent les salaires les plus modestes

23. Hannah Hartig, Andrew Daniller, Scott Keeter et Ted Van Green, « Republican gains in 2022 Midterms driven mostly by turnout advantage », *Pew Research Center*, 12 juillet 2023 (en ligne).

votent le moins[24]. La Virginie-Occidentale a un des taux de participation les plus bas des États-Unis. Dans le comté de Mingo, un électeur sur deux n'a pas voté en 2024. Dans le comté voisin de McDowell, c'est encore pire. Seulement 46 % des électeurs se sont rendus aux urnes[25].

C'est dans ce climat très particulier que les républicains ont conquis le vote des ouvriers et des employés de Virginie-Occidentale, dans cette ambiance de colère, de nostalgie, mais aussi de résignation. Si la politique ne fait rien pour les citoyens, les citoyens finissent par se désintéresser de la politique. Pendant que les démocrates étaient au pouvoir, les mines ont fermé. Et sous la présidence des républicains, elles n'ont pas rouvert. Les emplois sont toujours aussi rares, comme les opportunités économiques. À quoi bon ? On peut comprendre leur fatalisme.

Les démocrates du coin ont résisté longtemps à la vague républicaine, faisant un effort à chaque élection pour se distinguer de leurs collègues à Washington, mais en 2014 les digues ont fini par sauter. Pour la première fois depuis le New Deal de Franklin Roosevelt, le Parti républicain a pris le contrôle des deux chambres législatives de l'État. Et les résidents de cette circonscription ont envoyé un inconnu au Sénat de l'État : Mark Maynard. Même depuis son élection, il continue d'exercer ses deux métiers : il gère une entreprise de dépannage automobile et il vend des voitures d'occasion. Que dirait Hunter S. Thompson ?

*

24. Austin Clemens, Shanteal Lake et David Mitchell, « Evidence from the 2020 election shows how to close the income voting divide », *Washington Center for Equitable Growth*, 8 juillet 2021 (en ligne).
25. Résultats électoraux de 2024, disponibles sur le site du secrétaire d'État de la Virginie-Occidentale (en ligne sur results.enr.clarityelections.com).

Mark Maynard me donne rendez-vous dans un McDonald's à Gilbert, un village de 330 habitants. J'ai l'impression de rencontrer une star. Il arrive dans un SUV repeint aux couleurs du drapeau américain, son nom affiché en lettres capitales sur les portes : Mark R. Maynard. D'autres clients le regardent discrètement quand il fait son entrée dans la salle. Il porte des lunettes de soleil et une chemise blanche. Il me serre la main vigoureusement, en mâchant son chewing-gum.

Ce sénateur relativement peu expérimenté est très représentatif des élus républicains d'aujourd'hui. Tout d'abord, parce qu'il parle énormément de sujets sociétaux et culturels. Il est résolument anti-avortement. « L'avortement, c'est comme si on tuait une personne, même si la loi fédérale ne le voit pas de cette manière. » Il est contre le mariage homosexuel aussi, citant ses « valeurs chrétiennes », même s'il reconnaît que le combat est perdu. Et il veut défendre le droit de porter des armes à feu. Ces trois sujets ne prennent pas de place dans le débat français, fort heureusement. Mais dans cette région plus croyante que la moyenne, les électeurs de Mark Maynard approuvent sa façon de faire infuser ses convictions religieuses dans l'arène politique.

En revanche, son discours sur l'économie nous est plus familier. Dans une région pauvre, Mark Maynard a réussi à diriger la colère populaire contre l'État. Un sacré exploit. Le message n'est pas très subtil, mais il a le mérite d'être clair : si l'économie ne va pas bien aujourd'hui, c'est parce qu'il y a trop de réglementations et trop d'impôts. L'ennemi principal, c'est le *Big Government* (qu'on pourrait traduire par « État tentaculaire » ou « interventionniste »). Le même qui a fermé les puits de charbon dans un excès de zèle. « Je suis pour la protection de la planète, pour la protection de l'eau, et pour la protection de l'air. Mais ce que je n'aime pas c'est la "surrégulation". Et j'ai envie d'en savoir plus avant d'arrêter complètement l'exploitation du charbon. Même si ce n'est pas la source d'énergie la plus propre. Il faut qu'il y ait autre chose pour le remplacer, quelque chose de sûr et pas trop cher. »

Selon Mark Maynard, la « surrégulation » est responsable d'autres maux. Il me cite une loi qui oblige les conducteurs de moto à porter des casques sur l'autoroute, des règles fédérales qui rendent plus difficile l'obtention des permis pour le transport de marchandises, et des réglementations qui créent des délais importants dans le secteur de la construction. Derrière cette charge contre le *Big Government* se cache une forme de nostalgie. « Je pense que dans les années 1950 il existait un esprit entrepreneurial plus fort, se lamente-t-il. Les petits commerces étaient nombreux. Mais tout ça a changé. » C'est pour les mêmes raisons qu'il s'oppose à la hausse du salaire minimum : « Si on augmente le salaire minimum, on risque d'accélérer l'automatisation. » Il faut laisser la main invisible faire son œuvre.

Ce discours anti-État peut paraître contradictoire. Après tout, on dépend énormément de l'État fédéral en Virginie-Occidentale. Chaque année, il envoie des millions de dollars de subventions aux caisses du gouvernement local, ainsi que des millions de dollars d'aide sociale aux plus défavorisés. « Oui, le gouvernement fédéral est là, reconnaît-il. Mais je pense qu'on est allé trop loin. Plutôt que d'attendre l'aide fédérale, il faut se construire à la force du poignet. »

La même recette mène les républicains aux victoires électorales dans de nombreuses régions populaires, et paupérisées. Avant toute chose, on parle de sujets sociétaux. Ensuite, on dirige la colère des électeurs contre l'État fédéral et parfois d'autres autorités publiques, les accusant de tous les maux possible. Quand il n'y a plus d'alternatives crédibles, quand les citoyens se désintéressent de la politique, quand les électeurs qui restent ont finalement peu d'attentes, ce discours fonctionne très bien.

Mais Mark Maynard a un autre avantage. Il s'est associé avec Donald Trump. En 2016, il a même géré sa campagne aux primaires en Virginie-Occidentale. Pourquoi ? Maynard commence par me dire qu'il était d'accord avec ses « valeurs ». En continuant la discussion, il finit par lâcher une phrase assez révélatrice : « C'est quelqu'un qui parle franchement et qui dit les choses comme elles sont. »

*

Beaucoup d'Américains ne partageraient pas l'avis de Mark Maynard. Ils sont horrifiés par la rhétorique de Donald Trump. Sidérés par celui qui a lancé sa première campagne présidentielle en accusant le Mexique d'envoyer par-delà ses frontières des « criminels » et des « violeurs ». Dégoûtés par sa réaction à la mort d'une manifestante qui protestait contre un rassemblement de suprématistes blancs en Virginie : « Il y avait des gens très bien des deux côtés. » Ils ont eu honte de découvrir dans la presse que le président avait traité certains pays de « pays de merde ». Et ils ont trouvé inadmissible l'injonction auprès de quatre députées de la Chambre des représentants de « rentrer chez elles ». Les propos de ce type – et ils sont innombrables – suscitent un fort sentiment de rejet.

Et pourtant, on entend souvent le discours de Mark Maynard. C'est une variation du fameux « dire tout haut ce que les gens pensent tout bas », ce refrain qui expliquerait l'attrait pour le RN et ses semblables. On peut interpréter cette expression comme une critique du politiquement correct et comme un reproche adressé aux élites. Mais cette phrase, « dire tout haut ce que les gens pensent tout bas », se prête à une autre interprétation. Cela veut dire, tout simplement, qu'une grande partie de l'électorat entend des discours qui sont ouvertement discriminatoires (racistes, xénophobes, sexistes, etc.) et qu'ils les approuvent. On entend le message et on y adhère.

En effet, Donald Trump table sur les préjugés qui circulent depuis bien longtemps dans la société américaine. Bien sûr, il y a du racisme latent aux États-Unis. Mais il y a aussi du racisme ouvert, visible dans les structures mêmes de la société : les Afro-Américains représentent une part disproportionnée de la population incarcérée. Ils sont plus pauvres et gagnent moins que le reste de la population, et leur taux de chômage est plus élevé. Avant 1965, le droit de vote des Afro-Américains n'était pas même garanti dans les États du Sud. De la même manière, les discours xénophobes persistent. Malgré l'image du *melting-pot*, des millions d'immigrés ont subi des discriminations au fil du temps : les Irlandais et les Italiens, les Allemands et les Polonais, les Juifs de l'Europe de l'Est, les Chinois, les Japonais, les Mexicains, etc.

Quand Donald Trump lâche des propos explicitement racistes et xénophobes, il parle directement à des électeurs racistes et xénophobes. Et ces derniers sont issus de la société dans son ensemble. Contrairement à ce que semblent penser beaucoup d'éditorialistes, le racisme et la xénophobie ne se limitent pas aux classes populaires.

Toutefois, il faut reconnaître que les discours de ce type ont plus de chances de séduire les personnes vivant des moments compliqués financièrement : la perte d'un emploi, le chômage de longue durée, la précarité d'un travail payé au salaire minimum, l'incapacité d'obtenir un crédit immobilier. C'est ce qu'on appelle du « *scapegoating* » en anglais, la désignation de boucs émissaires. Et ce phénomène est amplement documenté par les chercheurs en sciences sociales : de la période de la république de Weimar au génocide rwandais, en passant par la fin des Trente Glorieuses en France, les crises économiques s'accompagnent souvent de la désignation de boucs émissaires. Quand la conjoncture se dégrade, la population veut trouver des « responsables ». Et certains politiciens essaient d'en profiter. Pour Donald Trump, comme Marine Le Pen ou Jordan Bardella, il n'y a pas de doute : la cause du malheur, c'est l'immigré.

Une étude récente permet d'introduire une nuance supplémentaire[26]. Dans les moments de crise, les personnes qui ont des préjugés *déjà existants* sur certaines catégories de la population ont moins honte de partager leurs idées publiquement. Ils considèrent que c'est alors plus acceptable socialement d'exprimer leur animosité. En d'autres termes, il ne s'agit pas seulement de l'émergence d'une volonté de désigner des boucs émissaires. Les crises conduisent également à une sorte de libération de la parole, dans un sens contraire aux facteurs d'intégration des sociétés.

À force d'être répétés par les responsables politiques, les médias et les électeurs, ces discours finissent par être normalisés. Comme le montrent de nombreuses études, c'est une des conséquences de la présidence de Donald Trump[27]. Un président qui tient des propos ouvertement discriminatoires légitime ces idées au sein de la population.

L'importance du racisme ou de la xénophobie dans le vote de l'extrême droite y compris chez les personnes les plus défavorisées est un fait, même si des millions d'ouvriers et d'employés votent pour d'autres partis et que beaucoup s'abstiennent. Une explication « sociale » du vote de l'extrême droite et une explication « identitaire » ou « sociétale » ne s'opposent pas mais

26. Leonardo Bursztyn, Georgy Egorov, Ingar Haaland, Aakaash Rao et Christopher Roth, «Scapegoating during Crises», *American Economic Association Papers and Proceedings*, mai 2022 (en ligne).
27. Leonardo Bursztyn, Georgy Egorov et Stefano Fiorin, «From extreme to mainstream: the erosion of social norms», *American Economic Review*, novembre 2020 (en ligne).

se complètent[28]. Les discours racistes et xénophobes circulent dans toute la société, et prennent de l'ampleur quand l'économie accuse le coup. Dans les zones frappées par la désindustrialisation, l'activité est au ralenti depuis longtemps. Ce n'est donc pas surprenant, quand on discute avec les électeurs du RN en France ou du Parti républicain aux USA, que l'immigration joue un rôle central dans leur imaginaire politique.

À Weirton, on trouve peu d'immigrés. Ce n'est pas étonnant. En général, les immigrés sont attirés par des zones plus dynamiques. Et pourtant, certains habitants considèrent qu'ils font beaucoup de mal à la ville. Selon Batty, une barmaid, « tous les problèmes » ont commencé quand les usines ont été rachetées par Mittal, une entreprise indienne. « Ce milliardaire indien a dépensé des millions dans le mariage de sa fille. Il s'en foutait complètement de l'usine. » Elle ne dit rien de l'employeur américain qui vient de mettre l'usine de fer-blanc à l'arrêt. Pas un mot sur les licenciements de masse qui ont précédé l'arrivée de Mittal.

Carol, la patronne du bar situé en face des anciennes portes de l'usine, va encore plus loin. Cette partisane de Trump a peur qu'une « guerre » n'éclate. Pourquoi ? « Ils laissent entrer plein de gens au pays. On ne sait même pas qui ils sont. Il y a des cartels. Les prisons au Venezuela sont vides maintenant. Ils viennent tous ici. La Chine a déjà acheté une grande partie du Midwest. On va se faire attaquer par l'intérieur. C'est ce que je pense. »

En réalité, si les non-diplômés quittent le Parti démocrate, cette tendance est encore plus prononcée chez les électeurs blancs qui n'ont pas de diplôme universitaire. En 2009,

28. Félicien Faury, *Des électeurs ordinaires. Enquête sur la normalisation de l'extrême droite*, Seuil, 2024.

seulement un électeur sur deux de cette catégorie s'identifiait au Parti républicain. Aujourd'hui, ils sont 63 %[29]. En Virginie-Occidentale, les Blancs non diplômés sont très largement majoritaires et, comme partout aux États-Unis, ils sont séduits par Donald Trump – quelqu'un qui propose la construction d'un mur géant à la frontière avec le Mexique pour lutter contre l'immigration et s'en prend régulièrement aux minorités.

Par ailleurs, si la haine de Barack Obama est sans doute liée à la fermeture des mines, il serait naïf de minimiser le rôle du racisme. En Virginie-Occidentale, l'opposition à Obama a commencé avant même qu'il devienne président. Lors des primaires démocrates de 2008, le sénateur de l'Illinois y a enregistré un de ses pires scores, obtenant seulement 26 % des voix alors qu'il était sur le point de remporter l'investiture. Dans le comté de Mingo, il a reçu 8 % des suffrages. Lors de la primaire dans ce même comté en 2012, un détenu incarcéré au Texas a obtenu plus de voix que le locataire de la Maison-Blanche[30].

Même l'âge d'or des démocrates en Virginie-Occidentale est indissociable du racisme. Il suffit de regarder la trajectoire de l'homme politique le plus emblématique de l'État au XX^e^ siècle, Robert Byrd. Élu au Congrès en 1953 et réélu jusqu'à sa mort en 2010, Byrd est connu pour son leadership sur les sénateurs démocrates pendant la présidence Reagan et pour son opposition résolue à la guerre en Irak. Mais avant de commencer sa carrière politique, le jeune Byrd était membre du Ku Klux Klan, l'organisation terroriste suprématiste blanche. Il est même devenu chef d'une branche locale. Pendant son premier

29. « Changing partisan coalitions in a politically divided nation », *Pew Research Center*, 9 avril 2024 (en ligne).
30. Constance Jamet, « Obama remporte une primaire contre… un détenu », *Le Figaro*, 11 mai 2012 (en ligne).

mandat au Sénat, il a défendu la ségrégation et il a voté contre les lois sur les droits civiques soutenues par Martin Luther King et par le président Lyndon B. Johnson. Le racisme est omniprésent dans l'histoire de la Virginie-Occidentale, comme partout aux États-Unis.

Mais le parcours de Byrd est révélateur pour une autre raison : en politique, les frontières qui séparent les extrêmes du champ de l'acceptable sont souvent moins claires qu'on ne le pense. Parfois, elles se brouillent.

# « Reprenons notre pays ! »

Lors de mon entretien avec Mark Maynard dans ce McDonald's à Gilbert, ce sénateur a dit autre chose qui m'a frappé. Comme beaucoup dans son parti, il refuse de reconnaître la défaite de Donald Trump à l'élection présidentielle de 2020. À la fin de notre discussion, je lui demande s'il pense que la victoire de Joe Biden était « légitime ».

« Je pense que les votes ont pu être manipulés. Ça fait vingt ans que je fais de la politique maintenant. Je sais comment ça marche. Il est difficile de croire que Trump ait reçu plus de voix en 2020 qu'en 2016 [tout en perdant l'élection]. C'est peut-être lié au collège électoral. En tout cas, je pense que c'est potentiellement un sujet d'interrogation. »

Pense-t-il à des États en particulier où le vote aurait été truqué ? Comme il n'existe pas d'autorité électorale centrale aux États-Unis, chaque État est responsable de l'organisation des élections.

« Non, en général ; je pense aux États où il a perdu.

– Alors avec quelles méthodes ?

– Je n'ai jamais observé un dépouillement de votes. Je ne sais pas exactement comment ils auraient pu le manipuler, mais j'ai l'impression que tout est manipulable aujourd'hui. Tout est possible. Encore plus dans cette ère numérique où tout est envoyé par l'air, avec du Wifi. Vous savez, tous les codes peuvent être déchiffrés. C'est une hypothèse.

– Donc il n'y a pas de preuves. Mais ça reste possible ?

– Oui, je pense que c'est possible. »

Je ne sais pas si Mark Maynard croit vraiment ce qu'il dit ou s'il essaie de plaire à sa base électorale. Et cela a peu d'importance. Il est en phase avec le président des États-Unis. Il est en phase avec une grande partie des élus du Parti républicain : n'oublions pas que le jour même de l'assaut du Capitole, le 6 janvier 2021, la majorité des députés républicains à la Chambre des représentants se sont opposés à la certification des résultats de l'élection présidentielle[1] (ainsi que huit sénateurs républicains). Mark Maynard est en phase avec des millions d'Américains conservateurs qui ont fini par croire à ce mythe d'une élection truquée. Selon un sondage du *Washington Post* publié en janvier 2024, sept électeurs républicains sur dix pensaient que la victoire de Biden en 2020 n'était pas « légitime[2] ». Cette théorie n'a bien sûr aucun fondement : en 2020, le candidat démocrate a obtenu 7 millions de voix de plus que Donald Trump et il a remporté plus de voix au collège électoral. Le résultat de l'élection n'était même pas serré.

Et pourtant, il ne faut pas surestimer l'importance de ce que Donald Trump appelle le « *Big Lie* » ( le « Grand Mensonge ») au sein de son électorat. Comme l'ont montré les sondages à la sortie des urnes en 2024, la majorité des électeurs républicains n'y accordent pas vraiment de crédit et privilégient d'autres sujets (surtout l'économie et l'immigration)[3]. Pour ceux qui croyaient que les nombreux appels des démocrates à défendre la démocratie finiraient par convaincre, le choc a été rude. Donald Trump continue à bénéficier du soutien de l'électorat républicain traditionnel. Devant son refus d'assurer

1. Karen Yourish, Larry Buchanan et Denise Lu, «The 147 Republicans who voted to overturn election results», *The New York Times*, 7 janvier 2021 (en ligne).
2. Sondage du *Washington Post* et de l'université du Maryland, *Washington Post*, 14-18 décembre 2023 (en ligne).
3. «National Exit Polls», *NBC News*, 5 novembre 2024 (en ligne).

le transfert pacifique du pouvoir, des millions d'Américains ont simplement haussé les épaules.

Après le départ de Mark Maynard, je commence à papoter avec les salariés de ce McDonald's dans le village de Gilbert. Quand ils comprennent que je veux surtout parler politique, ils me conseillent d'interviewer leur patronne : Stacey. Souriante et chaleureuse, la quarantaine, elle habite dans les environs, dans le hameau d'Isaban. Depuis dix-huit ans, elle travaille comme « directrice générale » pour la chaîne de fast-foods et gère plusieurs établissements dans cette région de la Virginie-Occidentale.

« Au niveau local, le sujet principal, c'est la drogue, me raconte-t-elle. C'est énorme ici, même si je sais que c'est un énorme souci partout. Et puis il faut qu'ils s'occupent des routes. Moi, je mets 25 minutes à venir au boulot, alors que j'habite à 15 miles [environ 25 kilomètres] d'ici. En plus, chez moi, il n'y a presque pas de police. On ne voit pas plus d'une voiture de police passer par semaine. »

Ici, la crise des opioïdes fait des ravages. Selon les chiffres du gouvernement fédéral, la Virginie-Occidentale est, de loin, l'État qui compte le plus de décès par overdose par habitant. Et la partie sud de l'État est l'épicentre du cataclysme : le comté de McDowell, dont les frontières jouxtent la maison de Stacey, est celui qui recense le plus de décès en Virginie-Occidentale (183 overdoses pour 100 000 habitants)[4]. Et bien que ce nombre tende à diminuer, cette crise s'ajoute à la longue liste de frustrations alimentée par l'idée d'un déclin généralisé, qui ne semble pas près de s'inverser : « Ma maison a été cambriolée et, quand j'ai appelé la police, ils m'ont dit que [le coupable présumé] avait le droit de venir dans ma maison,

4. Caity Coyne, « Preliminary data shows rate of fatal overdoses may be leveling in WV following 2020 spike », *West Virginia Watch*, 21 juin 2024 (en ligne).

m'explique Stacey, secouant la tête en signe d'incompréhension. Apparemment il y a une loi selon laquelle quelqu'un qui est en train de mourir de froid peut venir s'installer dans une maison inoccupée. Sauf que ce n'était pas du tout ça. La maison était occupée. Nous étions au lit et il y a un mec qui est entré dans la maison. La police n'a rien fait. »

Sur un léger fond de pop country, Stacey se décrit comme une électrice indépendante qui « penche » vers les républicains. Comme presque tout le monde dans le comté de Mingo, ses parents étaient démocrates, mais dès qu'elle a atteint l'âge de voter elle s'est inscrite comme indépendante[5]. « Mes parents ont failli mourir quand ils ont découvert que j'étais indépendante, juste après le lycée, dit-elle avec un sourire. Quand j'étais plus jeune, le Parti démocrate était le parti des travailleurs. Mais l'agenda du Parti a changé. J'ai l'impression qu'ils ne sont plus du côté des travailleurs [*the working persons*]. Ils sont plutôt du côté des gens qui n'ont pas envie de s'aider eux-mêmes. Et puis, j'ai souvent l'impression qu'ils pratiquent la langue de bois. Les républicains sont beaucoup plus directs. »

Même si elle travaille beaucoup, Stacey n'est pas exactement une *working person* elle-même. En tout cas, pas selon la majorité des sociologues ou des statisticiens. En France, elle serait classée comme une cadre ou une cheffe d'entreprise. Chez McDonald's, elle gère une équipe. De plus, elle dirige sa propre entreprise à côté, un service de transport spécialisé dans le chargement de charbon. C'est une entrepreneuse au sens propre. Et malgré les spécificités locales de son discours, elle reprend des thèmes assez classiques du Parti républicain :

5. Aux États-Unis, lors de l'inscription sur les listes électorales, les citoyens peuvent déclarer leur appartenance à un parti politique ou se déclarer « indépendants ». Être indépendants signifie qu'ils ne sont affiliés à aucune formation politique et ne sont généralement pas autorisés à participer aux primaires d'un parti spécifique.

l'épanouissement par le travail, la fierté de contribuer à la création d'emplois, et une forme d'hostilité envers ceux qui ne travaillent pas ou pas assez.

« Vous savez, un énorme problème ici, c'est que les gens supplient pour avoir un travail mais qu'ils ne viennent pas bosser. Ils ont juste envie de dire au HHR [l'agence qui s'occupe de l'aide aux chômeurs en Virginie-Occidentale] qu'ils cherchent un emploi et qu'ils ont eu un entretien d'embauche afin de continuer à toucher leurs allocations. Je sais qu'il y a beaucoup de gens qui s'opposent à des tests de dépistage de drogues pour les allocataires des aides sociales. Mais on ne peut pas bien s'occuper de ses enfants si on est drogué, même si on touche des aides. L'argent que vous recevez de l'État ne va pas aux enfants. Quand les gens reçoivent leur aide alimentaire, ils vont acheter quinze caisses de soda et vont les vendre au bord de la route. On le voit tout le temps ici. Et c'est aux grands-parents ou aux voisins de s'occuper des enfants. Je pense qu'il faut aider les gens dans le besoin, mais si les gens n'ont pas envie de s'aider eux-mêmes, qu'est-ce qu'on y peut ? »

Quand j'essaie d'aborder la délicate question de l'élection présidentielle, elle m'interrompt pour aller droit au but. « Non, il n'y a pas de souci. Je vais voter pour Trump », me dit-elle avant de lâcher un rire.

Alors que pense-t-elle de ses promesses non tenues ? Trump s'était engagé à faire rouvrir les mines, n'est-ce pas ? Ce n'est pas sa faute, selon elle. C'est encore un problème de main-d'œuvre. « Les gens pensent que les mines ne tournent pas. Moi, je sais que l'entreprise avec qui je travaille a besoin de salariés, dit-elle. Mais ils ont besoin d'embaucher des gens avec de l'expérience parce qu'ils n'arrivent pas à trouver des apprentis. C'est dur de trouver des gens qui ont envie de bosser, peu importe le secteur. C'est dur de trouver des salariés de qualité qui viennent bosser. Ils supplient pour avoir un poste, puis ne viennent pas. »

Et les ennuis de Trump avec la justice ? Au moment de notre interview, le président venait d'être reconnu coupable de trente-quatre délits de falsification de documents comptables dans l'État de New York. Sans mentionner les autres affaires judiciaires dans lesquelles il est impliqué. Mais pour Stacey, c'est le cadet de ses soucis. « À ma connaissance, c'est le premier président dans l'histoire américaine qui a perdu de l'argent en étant président. Pourquoi il aurait envie de redevenir président ? Il ne fait pas ça pour l'argent. Ça, c'est très important pour moi. Et puis, à mon avis, le procès n'était pas équitable. »

Au moment de quitter le McDonald's, en me dirigeant vers ma voiture, je suis attiré par un stand au bout du parking qui propose du *funnel cake*. De la pâte frite recouverte de sucre, une spécialité de fête foraine. Je commence à discuter avec le vendeur, Billy, un grand bavard qui me présente sa femme et ses trois enfants, qui courent dans tous les sens autour de nous. Puis il me lâche : « Moi, j'ai voté pour Joe Biden, comme mon père. À mon avis, si vous êtes pauvre ou de la classe moyenne et que vous votez républicain, vous vous trompez. Ce n'est pas la bonne voie. » J'ai trouvé le dernier des Mohicans. Quelques mois plus tard, Donald Trump allait remporter le comté de Mingo avec 86 % des voix. Et en reprenant la route pendant que le soleil se cache derrière les montagnes, je recommence à méditer sur l'hégémonie trumpiste dans ce coin des Appalaches…

Évidemment, l'électorat de Trump ne se réduit pas à la « *white working class* », ces électeurs des classes populaires blanches. Même si ces derniers votent de plus en plus pour les républicains, faisant basculer certains États à droite. Même s'ils en sont venus à représenter la quintessence du trumpisme dans l'imaginaire collectif, aux États-Unis comme en Europe. Il ne faut pas oublier que la coalition électorale républicaine est vaste : on y trouve des avocats, des médecins, des ingénieurs et, bien évidemment, des artisans, des commerçants et des petits patrons comme Stacey… La base historique de la droite. Ce sont des électeurs qui ont voté pour le Parti républicain avant Trump et qui, très certainement, continueront de le faire après lui. Quand ils se rendent aux urnes, leur main ne tremble pas.

Je suis interrompu dans mes pensées par les gyrophares d'une voiture de police derrière moi.

« Votre permis de conduire et vos papiers, s'il vous plaît. Vous savez pourquoi je vous ai arrêté ?

– Non, monsieur.

– Vous rouliez bien au-dessus de la limite de vitesse. »

C'est impossible. Je faisais attention sur cette route sinueuse et je suivais les voitures devant moi. Mais ce n'est pas le moment de discuter.

« Ah, je suis vraiment désolé, monsieur.

– Vous êtes loin du Connecticut. Qu'est-ce que vous faites ici ? »

C'est bien ça. Il a vu la plaque d'immatriculation. Merde. Peut-être qu'il m'a vu interroger le vendeur de beignets aussi ? En tout cas, ce n'est pas la peine de parler de la France : « Euh, je suis journaliste. Je suis en reportage ici pour un livre. Mais j'aime beaucoup votre État. C'est magnifique. Je suis vraiment désolé, *officer*. »

Après une longue pause, il me regarde dans les yeux et lâche un seul mot avant de retourner dans sa voiture : « Attendez. »

Dans ce pays de plus en plus standardisé, où toutes les villes tendent à se ressembler, ce fort tempérament local interpelle. Il est l'héritage des mines et du mouvement ouvrier, de la tradition musicale bien particulière qui a donné naissance au *bluegrass*, à ces *hollers* mystérieux… Comment ne pas éprouver de l'empathie pour les habitants du coin, des gens vivant dans des conditions parfois difficiles, souvent méprisés par les plus privilégiés qui ignorent tout de leur vie ? Le policier taciturne décide de me laisser partir sans infraction. Je prends l'épisode comme un signe : il est vraiment temps de quitter la Virginie-Occidentale. En plus, j'ai de la route à faire.

*

Si le parti de Trump attire des électeurs des classes populaires dépités par la politique en général, et par le Parti démocrate en particulier, il a su conserver sa base historique de commerçants et de petits patrons avec un programme économique qui leur est favorable. Cette base électorale hétérogène tolère toutes les sorties outrancières de son leader. Mais comment expliquer la transformation foudroyante du Parti républicain lui-même ? le durcissement de ses discours ? la radicalisation de son programme ? cette évolution culminant dans la fidélité envers un homme fort qui a essayé d'organiser une tentative de coup d'État et qui menace de poursuivre en justice ses adversaires politiques ? Afin de comprendre, il vaut mieux aller chercher des réponses directement auprès des premiers responsables : les militants du Parti républicain eux-mêmes.

C'est la raison pour laquelle je me suis dirigé vers Columbia, Tennessee, une ville charmante à 75 kilomètres au sud de Nashville, connue pour ses nombreuses maisons *antebellum*, sortes de villas coloniales construites avant la guerre de Sécession. Comparé aux Appalaches, c'est un autre monde : le paysage est plat, le sol fertile. Historiquement, l'économie est agricole, du coton produit par les esclaves au XIX^e^ siècle jusqu'à l'élevage bovin au XX^e^ siècle. Mais aujourd'hui elle se modernise et la proximité avec Nashville attire de nouveaux résidents. Le comté de Maury n'est ni pauvre ni riche : le niveau médian des revenus y est presque identique à celui des États-Unis.

En juin 2024, la branche locale du Parti républicain organisait une collecte de fonds, en présence de deux représentants au Congrès. L'occasion parfaite pour interroger des militants. À la suite d'une demande d'accréditation restée sans réponse, j'ai décidé d'acheter une place à 100 dollars. À aucun moment je n'ai caché mon identité ou mes objectifs. Au contraire, je portais un badge à mon nom, je me présentais comme journaliste, et j'expliquais à mes interlocuteurs que je voulais mieux comprendre les évolutions du Parti.

Dès mon arrivée, dans une salle privatisée d'un restaurant donnant sur la place principale de Columbia, j'ai compris que les frontières entre religion et politique seraient brouillées. Juste à droite de l'estrade, on avait accroché au mur un drapeau blanc portant l'image d'un pin et le message « Appel au ciel ». Créé pendant la guerre d'Indépendance, ce drapeau est devenu un des symboles fétiches d'une frange de l'extrême droite, représentant la mission divine de la nation américaine. Un des nombreux drapeaux portés par les putschistes le 6 janvier. Juste à côté, il y avait une boîte en verre contenant un exemplaire d'une des premières bibles publiées aux États-Unis, peu après l'indépendance. Avant le dîner, les cent cinquante invités baissent la tête. Nous écoutons une prière de Darryl Martin, agent immobilier, prêtre d'une Église indépendante de « chrétiens intégristes » et candidat aux élections de la commission scolaire du comté. L'ambiance est posée.

Une des convives, Theresa Deal, une promotrice immobilière de 71 ans, m'interroge tout de suite sur mes convictions religieuses. Quand elle comprend que je ne suis pas évangélique – je n'ai jamais eu de relations personnelles avec Dieu et je ne suis pas « *born again* », « né de nouveau » –, elle me conseille de lire la Bible, en commençant par l'Épître aux Romains, chapitre 1, verset 18 (« La colère de Dieu se révèle du ciel contre toute impiété et toute injustice des hommes qui retiennent injustement la vérité captive »). Le sujet politique le plus important pour Theresa ? « La moralité. » Elle est résolument anti-avortement et elle considère l'homosexualité comme un signe de la chute de notre civilisation. Par ailleurs, elle abhorre les républicains modérés, ou les « RINOS » (« *Republican in name only* »). Elle adore les deux députés ici présents, tous les deux du Tennessee.

Quand l'un d'eux prend la parole, je comprends pourquoi. Tim Burchett dresse le portrait d'un pays en crise, ravagé par l'immigration illégale et la perte de ses valeurs. Il parle sans filtre : « J'ai dit ça à la presse une fois, et ils m'ont massacré, mais les nôtres ont compris ce que je voulais dire. Il nous faut un *revival* [ un « renouveau spirituel »] dans ce pays. Les politiciens ne peuvent pas tout faire. Il faut qu'on soutienne nos pasteurs. Il faut qu'on leur demande de suivre les Saintes Écritures. Et je vais vous dire, tout ça commence dans les bureaux de vote. Il faut que les conservateurs et les conservateurs chrétiens se mobilisent à chaque élection. La dernière fois, 20 millions de chrétiens évangéliques ne sont pas allés voter, et on connaît le résultat. »

L'élu au Congrès termine sur un ton sombre, voire apocalyptique : « Il faut que nous priions pour notre pays. Il faut que nous élevions bien nos familles. Et il faut que nous votions. Nous sommes toujours le pays le plus libre sur toute la terre verte de Dieu. Il nous garde dans les parages pour une bonne raison. Et je pense qu'Il attend ce moment-là… Les amis, reprenons notre pays. »

Tout gravite autour de la culture et de l'identité. Comme Tim Burchett, les autres intervenants ont peu de choses à dire sur l'économie ou l'inflation, un des points faibles de l'administration de Joe Biden selon de nombreux sondages. Ils parlent surtout d'immigration, de la préservation des libertés religieuses et du port des armes à feu. En pleine soirée, un AR-15, un type de fusil semi-automatique, est vendu aux enchères. Face aux critiques de ceux qui veulent contrôler les armes, ce fusil, souvent utilisé dans les tueries de masse, est devenu un symbole de résistance des « pro-armes ». L'autre député présent à la soirée, Andy Ogles, avait notamment envoyé, en guise de carte de Noël à ses électeurs, une photo de sa famille posant avec des armes semi-automatiques[6]. Du pur *trolling*.

Au bar, je discute avec Brian Carter. Originaire de l'Arkansas, Brian gère une entreprise de plomberie à Columbia. Il a l'impression de ne plus reconnaître son pays. « Nos libertés constitutionnelles sont menacées. Nos armes. Dieu. Notre liberté. J'ai aucun problème avec les autres religions, mais, en tant que chrétien, j'ai envie qu'on me laisse tranquille. » Et il en a marre du politiquement correct : « L'homme blanc est menacé. Et c'est pas une histoire de race. J'ai des employés hispaniques. J'ai des employés noirs. Mais regardez l'armée par exemple : ceux qui sont morts pour défendre nos libertés sont des hommes blancs. »

La paranoïa et le complotisme sont omniprésents. Mes deux voisins de table, un couple de retraités qui ont déménagé de la Californie pour des raisons politiques, m'ont conseillé de regarder le film *2000 Mules*, qui raconte, sans preuves évidemment, comment l'élection de 2020 a été volée par le Parti démocrate. Selon une des intervenantes de la soirée, Tomi Lahren, une commentatrice de Fox News, les démocrates

6. Li Cohen, « Tennessee Rep. Andy Ogles responds to criticism of Christmas card of his family posing with guns », *CBS News*, 28 mars 2023 (en ligne).

soutiennent l'immigration illégale parce qu'ils souhaiteraient obtenir le vote des immigrés traversant la frontière mexicaine. Elle est suivie par Todd Starnes, un journaliste licencié par Fox News en 2019 après avoir suggéré que les démocrates vénèrent Moloch, une divinité biblique associée au sacrifice des enfants par le feu. Même la chaîne de Rupert Mudoch a trouvé déplacée cette référence à l'avortement…

Le culte de Donald Trump est bien présent dans la salle. Les murs sont tapissés de drapeaux et d'affiches portant son nom. Il y a même une effigie en carton du président à taille humaine. De plus, il se trouve que c'est le jour de son soixante-dix-huitième anniversaire et, bien entendu, ça se fête. Sur chaque table, il y a une carte d'anniversaire pour le président, que nous sommes encouragés à signer. Pour le dessert, il y a un gâteau d'anniversaire géant. Quand la salle commence à entonner *Happy Birthday*, je ne pense pas être le seul à trouver la scène un peu gênante.

J'explique à Theresa Deal qu'en toute sincérité, je ne comprends pas comment des personnes si croyantes peuvent soutenir un politicien qui ne se comporte pas comme un bon chrétien dans sa vie personnelle. Selon un sondage de février 2024, deux électeurs évangéliques sur trois avaient une opinion favorable de Trump[7]. Or Donald Trump a divorcé plusieurs fois. Il a acheté le silence d'une actrice de film porno. Au sens biblique, c'est un fornicateur. Tout cela n'est pas très chrétien, n'est-ce pas ?

Theresa m'explique que Trump s'est converti avant sa première campagne présidentielle (en réalité, ce n'est pas très clair). De toute façon, elle insiste sur le fait que tous les êtres humains ont péché à un moment. Je pense que je commence

7. Gregory Smith, « 5 facts about religion and Americans' views of Donald Trump », Pew Research Center, 15 mars 2024 (en ligne).

à comprendre. Les évangéliques donnent beaucoup d'importance à la notion de repentance : le fait de reconnaître ses péchés et de demander pardon. Dans une société profondément corrompue et remplie de vices, Trump est, en quelque sorte, un pêcheur comme les autres. Au moins, il semble reconnaître ses erreurs dans le but de s'améliorer. Il dit qu'il prie et il rencontre régulièrement des chrétiens. De ce point de vue, c'est toujours mieux que ces athées progressistes qui, eux, ne se questionnent jamais…

L'attachement à Trump peut aller encore plus loin. Dans son discours, le député Tim Burchett laisse entendre que l'ex-président est en contact direct avec Dieu, le comparant à un personnage de l'Ancien Testament qui aurait fondé le royaume d'Israël. Quelques semaines plus tard, la tentative d'assassinat de Trump donnerait une résonance étrange à son choix de mots… « Renseignez-vous sur le roi David. Ce n'était pas un homme parfait. C'était une ordure. Il a couché avec Bethsabée. Il a fait tuer un de ses généraux. C'était un homme horrible. Mais il avait l'oreille de Dieu. Et je pense que cela résume la situation dans laquelle nous sommes. » Ensuite Tim Burchett raconte comment il a « senti quelque chose » en priant avec Trump, la même sensation qu'il a eue en priant avec le Premier ministre israélien Benjamin Netanyahou. « Je pense qu'il y a quelque chose de vrai là-dedans. J'en ai parlé plusieurs fois avec le *speaker* [Mike Johnson, le chef du Parti républicain à la Chambre des représentants, lui aussi un chrétien évangélique]. Et il le pense aussi. Il y a "quelque chose". »

Il y a une autre explication moins mystique : les chrétiens évangéliques aiment Donald Trump parce qu'ils aiment son projet politique. Le magnat de l'immobilier a nommé trois juges conservateurs à la Cour suprême, et en 2022 ces derniers ont réalisé l'un des objectifs rêvés de longue date par une frange de la droite américaine : l'annulation du droit constitutionnel à l'avortement. C'est le bilan qui compte. Quand de nouvelles stars républicaines prendront la place de Trump, il est probable qu'elles auront le soutien des évangéliques aussi. Celui-ci est devenu une condition *sine qua non* pour tout projet politique de droite au niveau national. Alors que la taille précise du bloc électoral évangélique fait débat, des dizaines de millions d'Américains s'identifient comme tels et ils votent majoritairement pour les républicains : selon CNN, 82 % des électeurs évangéliques blancs ont voté Trump en 2024[8].

*

La place qu'occupent les évangéliques au sein du Grand Old Party (le GOP) est un signe parmi d'autres d'un Parti républicain qui se radicalise. Commençons par le plus simple : ses difficultés à jouer selon les règles du jeu démocratique. Dans les démocraties dites développées, les partis de droite « traditionnelle », comme les partis de gauche, acceptent les résultats des élections. Au-delà du simple vote, ils reconnaissent les piliers de la démocratie libérale : la séparation des pouvoirs, l'État de droit et la protection des droits des minorités. En se rangeant derrière un leader qui refuse de reconnaître ses défaites électorales et qui propose d'utiliser ses prérogatives afin de poursuivre ses adversaires politiques, le Parti républicain prouve qu'il a du mal avec ces principes.

Mais la radicalisation du GOP est aussi visible dans les propositions faites aux électeurs. Comme en témoigne le programme adopté au dernier congrès de Milwaukee[9]. Dans la première de ses vingt « promesses » à la nation, le parti appelle

8. « Election 2024: Exit polls », *CNN*, 13 décembre 2024 (en ligne).
9. « Make America Great Again ! », programme du Parti républicain en 2024 (en ligne sur donaldjtrump.com).

à un renforcement de la sécurité frontalière et un arrêt de « l'invasion des migrants ». Il promet ensuite la mise en place de « la plus grande opération de déportation dans l'histoire américaine ». Pendant la campagne présidentielle de 2024, Donald Trump a laissé entendre que *tous* les immigrés sans papiers seraient concernés par de futures expulsions de masse organisées par l'armée, estimant cette population à 18 millions de personnes, alors que les chiffres du gouvernement fédéral l'évaluent à 11 millions[10]. Sans surprise, le programme du Parti républicain fait le lien entre immigration et criminalité à plusieurs reprises, en fustigeant la prépondérance de drogues et de gangs, et en insinuant que ces dangers disparaîtront avec l'application de mesures anti-immigration.

Ce parti n'a jamais été particulièrement favorable à l'arrivée d'étrangers sur le sol américain. Néanmoins, l'attention qu'il accorde aujourd'hui à ce sujet, ainsi que le ton du discours, marquent un tournant important. Comme d'autres l'ont noté, le Parti républicain a donné sa bénédiction à une forme de « nativisme », un terme faisant référence à divers courants politiques dans l'histoire américaine qui se sont distingués par leur opposition catégorique à l'immigration. Dans la vision des « nativistes », l'immigration est la cause de tous les maux. Ce n'est qu'en la réduisant drastiquement ou en expulsant des immigrés déjà installés qu'on arrivera à restaurer la santé de la nation. Historiquement, ce sont les élites protestantes qui tenaient ce type de discours, se voyant comme les garants de la nation et les défenseurs d'une identité américaine figée et transcendante, incompatible avec ceux qui n'avaient pas des origines de *WASP* (*white anglo-saxon protestant*). Mais vers la fin du XIX^e^ siècle des générations d'immigrés ont fini par

10. Miriam Jordan, « What it would take to deport millions of immigrants », *The New York Times*, 17 juillet 2024 (en ligne).

adopter elles-mêmes des discours nativistes, soucieuses de préserver leurs avantages relatifs face aux nouveaux arrivants. Cela peut paraître paradoxal : alors que les États-Unis n'ont jamais été aussi divers, des discours anti-immigration et des propositions visant à supprimer les droits des non-citoyens occupent le devant de la scène politique comme il y a plus d'un siècle, relayés par le président et son parti comme un remède au grand malaise national. Quand Donald Trump propose de revenir sur le droit du sol, un concept inscrit dans la Constitution depuis la fin de la guerre de Sécession, il renoue avec cette vieille tradition politique. Tout en franchissant une ligne rouge qu'aucun de ses prédécesseurs à la Maison-Blanche n'avait osé franchir.

Mais la radicalisation du parti d'Eisenhower se manifeste aussi dans l'ouverture de nouveaux fronts dans les « guerres culturelles », ces combats autour de valeurs sociétales si emblématiques de la politique américaine depuis au moins trente ans. En plus des sujets classiques, comme la défense de la « liberté religieuse » et le port d'armes, le GOP a épousé deux nouveaux combats de façon quasi obsessionnelle : la censure de l'enseignement et la privation de droits des personnes transgenres. Selon leur programme, les républicains proposent de « soutenir » des écoles qui enseignent les valeurs de « la civilisation occidentale ». Mais aussi de couper toute subvention fédérale aux soins de transition de genre et de mettre fin à la « promotion de la transition de genre » dans les écoles recevant de l'argent public.

Ce ne sont pas des promesses vides. Il suffit de regarder le bilan des États sous contrôle républicain ces dernières années pour mesurer l'importance de ces sujets. Prenons l'exemple de la Floride, devenue laboratoire de cette nouvelle offensive culturelle sous le mandat du gouverneur Ron DeSantis. Non seulement l'avortement y est interdit après six semaines de grossesse depuis 2023[11], mais, depuis 2022, une loi permet à l'enseignement public d'interdire des livres présentant des contenus jugés « pornographiques » ou « inappropriés », en déléguant de nouveaux pouvoirs à la commission scolaire (le *school board*) de chacun des soixante-sept comtés[12]. Une autre loi interdit la discussion de sujets en lien avec l'orientation sexuelle ou l'identité de genre dans les écoles publiques. Une dernière loi interdit toute forme d'instruction qui avancerait l'idée selon laquelle les individus seraient « responsables » d'actions de personnes appartenant à leur groupe ethnique dans le passé, une formule floue qui touche à l'enseignement de l'histoire[13]. Sous l'effet de ces lois, plus de 1 400 livres ont été interdits en Floride au cours de l'année scolaire 2022-2023. Et toutes sortes d'ouvrages sont concernés[14]. Sur la liste d'interdictions dans le comté d'Orange, par exemple, on trouve des livres de l'humoriste Jon Stewart et d'Amy Poehler, une des stars de l'émission « Saturday Night Live », mais aussi de Marcel Proust, d'Ovide et de Maya Angelou[15].

On est loin d'un « coup de com ». Largement apprécié par les conservateurs, le gouverneur DeSantis évoque souvent, avec fierté, « le modèle de la Floride », opposant le *Sunshine State* aux États démocrates comme la Californie et l'État de New York. L'offre est claire : moins d'impôts et moins de régulations économiques ; plus de « valeurs chrétiennes », plus de régulations du corps des femmes.

11. Patricia Mazzei, «Abortion rights measure fails in Florida», *The New York Times*, 5 novembre 2024 (en ligne).
12. Kristi Lynn Mosac, «Censorship in Florida: How House Bill 1467 harms students and staff», *Journal of Intellectual Freedom & Privacy*, 2023 (en ligne).
13. «Florida's governor signs controversial bill banning critical race theory in schools», *WPTV*, 22 avril 2022 (en ligne).
14. «Banned in the USA : The mounting pressure to censor», PEN America, *pen.org*, 1er septembre 2023 (en ligne).
15. Lisa Tolin, «Nearly 700 books, including celebrity bestsellers, banned in Orange County, Florida», PEN America, *pen.org*, 2 janvier 2024 (en ligne).

*

Il faut tout de même résister à l'idée selon laquelle le trumpisme serait une anomalie dans la tradition politique américaine. Selon le mythe raconté par les conservateurs américains eux-mêmes, leur famille politique a été largement à l'abri de l'extrémisme qui a infiltré les rangs de leurs homologues européens au cours du XX^e^ siècle. Mais depuis la première élection de Donald Trump, de nombreux chercheurs reviennent sur l'histoire du conservatisme américain avec un œil plus critique, répondant ainsi à l'appel lancé par le grand historien Rick Perlstein dans le *New York Times*[16]. Et leurs travaux révèlent qu'en réalité, les frontières entre la droite *mainstream* et une droite plus dure ont toujours été floues. Si ce processus s'est accéléré de façon significative à partir des années 1990, il ne vient pas de nulle part. Tout au long du XX^e^ siècle, l'évolution du Parti républicain a été influencée par des courants de pensée sur lesquels ses grandes figures préféraient ne pas trop attirer l'attention : méfiance à l'égard de la démocratie, nationalisme, nativisme, complotisme… les germes du trumpisme étaient déjà là.

Comme l'a documenté l'historienne Kim Phillips-Fein dans son ouvrage *Invisible Hands*, le mouvement conservateur moderne est né dans les années 1930 dans l'opposition au New Deal de Franklin Roosevelt[17], rassemblant des hommes d'affaires opposés à l'interventionnisme de l'État et une série de militants et d'intellectuels attachés à la défense des « valeurs traditionnelles » de l'époque. Pour ces derniers, la fin de la ségrégation représentait une menace contre la

16. Rick Perlstein, «I thought I understood the American Right. Trump proved me wrong», *The New York Times Magazine*, 11 avril 2017 (en ligne).
17. Kim Phillips-Fein, *Invisible Hands: The Making of the Conservative Movement from the New Deal to Reagan*, WW Norton & Co, 2009.

nation américaine, et les notions de communisme, de socialisme et de libéralisme politique se confondaient souvent. Leur influence était loin d'être négligeable. Selon les mots de l'historien John Huntington, ces « ultraconservateurs » formaient « l'avant-garde[18] » du nouveau mouvement conservateur. L'historien David Walsh préfère quant à lui la notion de « front populaire » informel : une sorte de pacte de non-agressivité entre les acteurs de l'ultradroite et d'autres conservateurs plus respectables qui comprenaient qu'ils avaient besoin les uns des autres[19]. Une alliance parfois tendue qui durerait des décennies.

L'histoire de l'homme d'affaires Merwin Hart est emblématique de cette tradition conservatrice de l'entre-deux-guerres. Antisémite résolu et grand admirateur de Francisco Franco, Hart rejetait la notion même de « démocratie », un concept qu'il voyait comme un complot communiste[20]. Loin d'être une figure marginale, Hart a créé le Conseil national économique, une association d'employeurs qui, avec la Ligue de liberté américaine, s'opposait frontalement aux politiques de Roosevelt instaurant un salaire minimum fédéral et le droit à la négociation collective. Hart a également été un soutien du comité isolationniste America First (« L'Amérique d'abord »), qui s'opposait à l'entrée en guerre des États-Unis. Quand il a dévoilé sa doctrine de politique étrangère en 2016, Donald Trump a repris ce fameux slogan, tout en niant qu'il s'agisse d'une source d'inspiration.

À l'aube de la guerre froide, extrême droite et droite américaines se sont retrouvées autour de Joseph McCarthy, sénateur du Wisconsin et anticommuniste acharné. Profitant de la

18. John S. Huntington, *Far-Right Vanguard: The Radical Roots of Modern Conservatism*, University of Pennsylvania Press, 2021, p. 11.
19. David Austin Walsh, *Taking America Back: The Conservative Movement and the Far Right*, Yale University Press, 2024.
20. *Ibid.*, p. 16.

nouvelle politique étrangère officielle des États-Unis désignant l'Union soviétique comme l'ennemi absolu, McCarthy a mené de nombreuses croisades contre une série d'adversaires politiques, qu'ils soient communistes ou non. L'ennemi intérieur était partout, dans les universités, les agences du gouvernement fédéral, ou même à Hollywood. Accusé d'un manque de décence par des officiers de l'armée lors d'audiences au Congrès, le sénateur McCarthy a fini par tomber en disgrâce, mais une partie de ses sympathisants se sont retrouvés dans la John Birch Society, créée en 1958. S'appuyant régulièrement sur diverses théories du complot, cette association s'opposait férocement au communisme, à l'immigration et à l'interventionnisme dans l'économie. Sans surprise, les *birchers* ont été l'une des sources d'inspiration du célèbre article de l'historien Richard Hofstadter sur ce qu'il a baptisé « le style paranoïaque » au cœur de la vie politique américaine : une tendance à l'exagération, une méfiance quasi permanente envers l'adversaire et un goût pour les théories du complot. Selon Hofstadter, ce « style paranoïaque[21] » dépassait le clivage gauche-droite. Si l'article continue à faire débat plus de soixante ans plus tard, c'est qu'il contient sans doute une part de vérité.

Dans les années 1960, la nébuleuse de l'extrême droite américaine a vu surgir deux candidatures à l'élection présidentielle proches de ses idées. Tout d'abord celle de Barry Goldwater, qui a obtenu la nomination du GOP en 1964. Ce sénateur d'Arizona défendait un programme radical, appelant à baisser drastiquement les dépenses et les impôts du gouvernement fédéral, tout en donnant la priorité à une lutte internationale contre le communisme. S'il a été largement battu par le président sortant Lyndon B. Johnson, Goldwater a tout

21. Richard Hofstadter, « The Paranoid Style in American Politics », *Harper's Magazine*, novembre 1964.

de même emporté cinq États dans le Sud, séduisant des électeurs blancs écœurés par le soutien de Washington au mouvement des droits civiques. C'était la première victoire d'un candidat républicain dans le Sud profond depuis la période de réformes qui avait suivi la fin de la guerre de Sécession. Quatre ans plus tard, en 1968, les mêmes électeurs sudistes se sont ralliés derrière la candidature de George Wallace, ex-gouverneur d'Alabama connu pour son opposition farouche à la déségrégation : « ségrégation aujourd'hui, ségrégation demain, ségrégation toujours », avait-il proclamé dans son discours d'investiture en 1963. Dans sa campagne présidentielle, Wallace doublait ce discours ségrégationniste d'une critique de la guerre au Vietnam et d'une dose de populisme économique. Encore un Trump avant l'heure. Il a fini par obtenir 46 voix au collège électoral, un exploit qu'aucun candidat d'un « tiers parti » n'a plus réalisé depuis.

Sur les questions économiques, la vision de Richard Nixon n'avait rien à voir avec celle de Barry Goldwater. Préoccupé par la guerre au Vietnam, le président républicain défendait un gouvernement fédéral fort qui n'hésitait pas à intervenir dans l'économie américaine, allant jusqu'au blocage des prix et des salaires. « Nous sommes tous des keynésiens », a-t-il proclamé en 1971. Mais en termes de stratégie électorale, Richard Nixon a compris l'importance de ce qu'on allait appeler la « *Southern strategy* », la « stratégie sudiste », mise en œuvre par Goldwater. Pour gagner l'élection présidentielle, il fallait convaincre les électeurs blancs du Sud de voter républicain. Et pour ce faire, le GOP devait s'engager à défendre les valeurs traditionnelles, à remettre de l'ordre dans la société et à protéger les « droits des États », un concept polysémique avec une histoire sombre. Cette notion fait référence à l'ordre constitutionnel américain. Mais c'était aussi le cri de ralliement des élites sudistes lorsqu'elles défendaient l'esclavage et la ségrégation. En d'autres termes, faire des appels du pied à un électorat plus ou moins raciste faisait partie du jeu. Au risque d'aller trop loin et de s'aliéner les électeurs plus modérés.

Ronald Reagan, autre président issu des rangs républicains, a réussi la même opération lors de sa campagne de 1980. En août, il a donné un discours resté célèbre devant 15 000 personnes à la foire du comté de Neshoba dans le Mississippi, s'engageant à défendre les « droits des États » face à « l'*establishment* fédéral ». Le choix de ce lieu n'était pas anodin. Seize ans auparavant, dans ce même village, trois militants du mouvement des droits civiques qui inscrivaient des citoyens afro-américains sur les listes électorales avaient été tués par le Ku Klux Klan. Mais Reagan a réussi son pari : les États du Sud ont voté massivement pour l'ex-gouverneur de Californie à deux reprises. Et il n'a pas été sanctionné par les électeurs plus modérés. Soyons clair : il serait absolument faux de classer Reagan à l'extrême droite. L'ex-acteur hollywoodien voulait rassembler un électorat large, il faisait des compromis avec ses adversaires, et il comprenait que le racisme ouvertement assumé était politiquement et moralement inacceptable. En même temps, le quarantième président n'était pas au-dessus de ce genre d'appel du pied, ce que les Américains appellent un *dog whistle*, un « sifflet à chien » : certains messages peuvent passer inaperçus, mais ceux qui comprennent comprennent.

Dans le cas de Reagan, ce n'était pas qu'une question de rhétorique. Si le président américain était entouré, en général, par des conseillers venant justement de « l'*establishment* fédéral », il n'a pas complètement tourné le dos à des conservateurs plus combatifs, plus nativistes. Parmi ces derniers, il y avait notamment Pat Buchanan, ancien conseiller de Nixon nommé directeur de la communication de la Maison-Blanche en 1985, dans une concession à l'aile droite du GOP. Ce catholique traditionaliste originaire de Washington n'a passé que deux ans à ce poste. Et pourtant, plus que toute autre figure, c'est lui qui a préfiguré la transformation du Parti républicain d'aujourd'hui. Cela a pris un peu de temps, mais il a eu sa revanche.

*

Après son passage à la Maison-Blanche (de 1985 à 1987), Pat Buchanan travaille pour divers médias, où ses talents de chroniqueur et d'éditorialiste ont toujours été appréciés. En 1992, il fait son grand retour en politique et se présente aux primaires du Parti républicain contre le président George Bush. Comme l'a démontré John Ganz dans un essai remarquable, la politique américaine était, à ce moment-là, au bord de l'implosion[22]. Des millions d'électeurs étaient attirés par la candidature indépendante du milliardaire texan Ross Perot (voir chapitre précédent). Et au sein du Parti républicain, un grand nombre d'électeurs étaient attirés par Buchanan qui avait lancé sa campagne en faisant appel à un « nouveau nationalisme » et une défense de « l'héritage occidental » contre le « multiculturalisme »[23]. Son programme : contrôle accru de l'immigration, opposition au libre-échange, défense résolue des libertés religieuses. Buchanan a fini par perdre la primaire, mais en guise de consolation il a eu droit à une prise de parole en *prime time* au congrès du Parti républicain. À l'époque le ton de son discours avait choqué, mais aujourd'hui il paraît tout à fait typique du GOP :

« Mes amis, cette élection ne se résume pas à la question de savoir qui obtiendra quoi. Il s'agit de savoir qui nous sommes. Il s'agit de savoir ce que nous croyons, et ce que nous

22. John Ganz, *When the Clock Broke: Con Men, Conspiracists, and How America Cracked Up in the Early 1990s*, Farrar, Straus and Giroux, 2024.
23. *Ibid.*, p. 89.

défendons en tant qu'Américains. Une guerre de religion est en cours dans ce pays. Il s'agit d'une guerre culturelle, aussi déterminante pour l'avenir de la Nation que l'a été la guerre froide, car cette guerre concerne l'âme de l'Amérique. Et dans cette lutte pour l'âme de l'Amérique, Clinton et Clinton sont dans l'autre camp, et George Bush est dans notre camp[24]. »

En mettant l'accent sur les « guerres culturelles », Buchanan dessinait une nouvelle stratégie pour son parti. Comme l'avait observé le sociologue James Davison Hunter dans son livre *Culture Wars*, paru un an auparavant, les combats sociétaux prenaient alors de plus en plus d'importance dans la vie politique américaine : débats sur l'avortement, sur l'égalité des droits des homosexuels, les armes à feu, la place de la religion, entre autres[25]. Aux yeux de Pat Buchanan, c'était plutôt une bonne nouvelle. Car ces guerres culturelles avaient un immense pouvoir mobilisateur. On pouvait les déployer pour rassembler et motiver la base conservatrice, mais aussi pour attirer des électeurs embarrassés par des prises de position démocrates. Et même si les républicains ne promettaient pas grand-chose de concret pour améliorer le quotidien de millions d'Américains modestes, ils pouvaient au moins se positionner en défenseurs de leurs valeurs. Dans un contexte où les démocrates ne faisaient pas de propositions ambitieuses non plus – c'était l'époque de Bill Clinton –, les guerres culturelles avaient encore plus de résonance. Si l'on décourage les citoyens de questionner le consensus économique, la politique peut, en effet, ressembler à un immense champ de bataille culturel. Les guerres culturelles deviennent, en quelque sorte, les seuls combats possibles.

24. Patrick Buchanan, « "Culture War Speech": Address to the Republican National Convention », *Voices of Democracy: The US Oratory Project*, 17 août 1992 (en ligne – traduction de l'auteur).
25. James Davison Hunter, *Culture Wars: The Struggle to Define America*, Basic Books, 1991.

Mais ce n'est pas qu'une question d'idées. S'engager dans une guerre culturelle implique aussi l'adoption d'un certain style. Si l'âme du pays est réellement en question, les compromis sont impossibles ; les prises de position non négociables ; les lignes sont tranchées. Il ne faut rien lâcher. Et dans des débats de ce type, les républicains avaient un avantage : contrairement aux démocrates, ils pouvaient s'appuyer sur le soutien d'un nombre grandissant d'électeurs évangéliques pour qui le pays était réellement en train de vivre une crise spirituelle. Pour eux, *l'âme de l'Amérique* était littéralement menacée. Dans les années 1990, le GOP a redoublé d'efforts pour gagner le soutien de ce groupe d'électeurs, et la stratégie a commencé à porter ses fruits : aux *midterms* de 1994, les évangéliques ont joué un rôle clé dans la victoire massive des républicains, leur permettant d'obtenir une majorité aux deux chambres du Congrès pour la première fois depuis l'époque d'Eisenhower. Ils sont, bien évidemment, à l'avant-garde de ces guerres culturelles qui ne cessent de se développer depuis le discours de Buchanan.

Vu les dérives du Parti républicain contemporain, il peut être tentant de regarder les années George W. Bush avec une certaine nostalgie. Mais en réalité, c'est sous sa présidence que la radicalisation du GOP a pris une ampleur nouvelle. Dès sa première campagne de 2000[26], l'ex-gouverneur du Texas avait compris le pouvoir mobilisateur des guerres culturelles, les déployant afin de mobiliser sa base et de séduire encore plus d'électeurs évangéliques. Cela a eu des conséquences importantes : il a renforcé le pouvoir du bloc évangélique au sein du

26. Lors d'un débat télévisé dans le cadre des primaires républicaines, on a demandé aux candidats de citer le nom de leur «philosophe ou penseur politique» préféré. Le gouverneur du Texas a répondu sans hésitation : «Christ. Parce qu'il a changé mon cœur» (13 décembre 1999).

Parti républicain. Et il a montré qu'il était possible pour un président d'imposer ses valeurs conservatrices au reste de la nation, même quand elles sont largement contestées. Au début de son mandat, Bush a autorisé le financement fédéral des organisations humanitaires religieuses[27]. En 2004, il a appelé à amender la Constitution pour interdire le mariage homosexuel. Deux ans plus tard, il a exercé son droit de veto pour enterrer une proposition de loi visant à favoriser la recherche sur les cellules souches embryonnaires, citant les valeurs morales de la nation[28]. Ouvertement anti-avortement, Bush a nommé deux juges ultraconservateurs à la Cour suprême, John Roberts et Samuel Alito. Et ces derniers ont voté ensemble en faveur de l'annulation du droit constitutionnel à l'IVG en 2022. Enfin, si le sujet était alors moins prioritaire pour le GOP qu'il ne l'est aujourd'hui, il faut se rappeler que les républicains, sous la présidence Bush, ont essayé de faire approuver une loi très restrictive sur l'immigration. Face à une vague de protestations, culminant dans un « Jour sans immigrés » organisé le 1er mai 2006, la proposition a été retirée. Une sorte de ballon d'essai.

Si les penchants autoritaires de Donald Trump sont de notoriété publique, il ne faut pas oublier que George W. Bush avait une relation compliquée avec certains principes de la démocratie libérale. En commençant par l'élection contestée de 2000, où les avocats de sa campagne ont réussi à bloquer le recomptage des voix en Floride, assurant sa victoire au collège électoral. Dans une sorte de répétition générale du 6 janvier 2021, des sympathisants républicains ont même pénétré à l'intérieur d'un bâtiment fédéral à Miami où se déroulait un recomptage

27. Kelefa Sanneh, « How Christian is Christian Nationalism? », *The New Yorker*, 27 mars 2023 (en ligne).
28. « Recherche sur les cellules souches : veto de Bush » *La Croix*, 20 juillet 2006 (en ligne).

des voix, semant le chaos et mettant fin au processus[29]. Après « l'émeute des Brooks Brothers », ainsi nommée pour le style vestimentaire des participants, la procédure n'a jamais repris dans ce bastion démocrate. Quelques semaines plus tard, la Cour suprême mettait un terme aux recomptages, propulsant George W. Bush à la Maison-Blanche.

La « guerre contre la terreur » (réplique américaine aux attentats du 11 septembre 2001) a causé des dégâts encore plus importants à la démocratie américaine[30]. Au nom d'un combat contre un ennemi commun, les citoyens ont été obligés d'accepter des restrictions de libertés publiques autrefois inimaginables. Le Patriot Act a renforcé les pouvoirs du renseignement. Dans une série de mémorandums, l'administration Bush a autorisé la torture. À Guantánamo, le gouvernement américain a ouvert une prison militaire, en décrétant que les détenus n'y étaient pas protégés par les lois américaines, qui interdisent la détention arbitraire. Si le droit américain n'était plus un obstacle, le droit international avait encore moins d'importance : les détenus de Guantánamo n'étaient pas non plus protégés par la convention de Genève. Et si l'on critique souvent l'unilatéralisme de Donald Trump, il ne faut pas oublier que George W. Bush avait en son temps refusé de signer l'accord de Kyoto limitant les émissions de gaz à effet de serre. Enfin, il ne faut pas oublier non plus le choix décisif de sa présidence : l'invasion de l'Irak, malgré l'avis contraire de l'ONU. Des centaines de milliers d'Irakiens et presque 4 500 soldats américains y ont perdu la vie. Pourtant, George W. Bush a été réélu en 2004. Les électeurs républicains approuvaient leur président.

29. Adam Gabbatt, « Two decades after the "Brooks Brothers riot", experts fear graver election threats », *The Guardian*, 24 septembre 2020 (en ligne).
30. Voir Spencer Ackerman, *Reign of Terror: How the 9/11 Era Destabilized America and Produced Trump*, Viking Press, 2021.

Lorsque Barack Obama est arrivé au pouvoir en 2009, le centre de gravité au sein du Parti républicain était donc déjà bien à droite. La base du GOP était unifiée autour d'un certain nombre de thématiques sociétales, défendant avec passion des positions vues comme non négociables. Il était soutenu par des millions de chrétiens évangéliques voyant leur engagement politique comme un prolongement naturel de leur foi, favorables à l'idée d'une présidence forte plaçant les intérêts des États-Unis avant ceux du reste du monde et prêts à sacrifier des libertés publiques afin de combattre les ennemis de la nation. De ce fait, il n'est pas étonnant qu'un mouvement de protestation ait surgi seulement un mois après l'investiture du jeune président, en février 2009. S'opposant radicalement à l'interventionnisme de l'État fédéral (l'adversaire principal, c'est le «*Big Government*»), le Tea Party[31] appelait à une réduction massive des impôts et des dépenses fédérales. Mais, comme l'indique son nom, les militants du Tea Party se considéraient aussi comme les porte-parole d'une colère plus généralisée, n'hésitant pas à adopter un discours nationaliste opposant les «patriotes» aux élites. Une partie de la gauche a voulu minimiser son importance, mais le Tea Party avait une vraie base de soutien. Au pic du mouvement, il y avait à peu près 1 000 sections locales[32]. Et son impact sur le Parti républicain a été considérable : aux *midterms* de 2010, les conservateurs américains se sont rendus massivement aux urnes, élisant une vague de républicains qui se disaient fidèles aux principes du mouvement. Sans surprise, ces derniers étaient considérablement plus à droite que leurs prédécesseurs sur les questions sociales et sociétales. Selon une étude

31. Ce mouvement politique conservateur, apparu en 2009, tire son nom de la célèbre Boston Tea Party de 1773, un événement organisé pour protester contre les taxations imposées par la métropole britannique qui a contribué à déclencher la Révolution américaine.
32. Theda Skocpol et Vanessa Williamson, *The Tea Party and the Remaking of Republican Conservatism*, Oxford University Press, 2012, e-book, p. 13.

du politiste Adam Bonica, 77 % des nouveaux élus républicains se situaient à droite de l'élu républicain moyen au Congrès précédent[33]. Un basculement idéologique au Congrès alors inédit. À partir de 2010, le républicain modéré était définitivement une espèce en voie de disparition.

Interviewé par le journaliste politique Tim Alberta pour son livre paru en 2019, le président Donald Trump avait martelé que « le Tea Party existe toujours, sauf qu'aujourd'hui, il s'appelle "Make America Great Again"[34] ». Il est possible d'interpréter cette citation comme une énième déclaration grandiloquente et hors-sol. Après tout, le Tea Party voulait réduire le rôle de l'État fédéral. Quel rapport avec ce président qui a fait bondir la dette publique au cours de son premier mandat ? C'est peut-être, avant tout, une question de style. Trump a su répondre à la colère exprimée par le mouvement dans ses propres prises de parole. À l'instar du Tea Party, l'ex-star de télé-réalité a déployé un langage combatif tout au long de sa carrière politique, réservant ses mots les plus durs pour ses adversaires démocrates, mais en n'oubliant pas de fustiger l'*establishment* républicain si besoin.

Trump avait peut-être aussi compris un autre élément du Tea Party qui avait été parfois négligé à l'époque : l'importance de l'immigration dans l'imaginaire des militants. En menant des recherches sur le terrain, les politologues Theda Skocpol et Vanessa Williamson ont interviewé des militants du Tea Party partout aux États-Unis en 2009 et en 2010. Si elles ont conclu que le racisme anti-noir a rarement été exprimé, les militants évoquaient régulièrement et sans gêne le sujet de l'immigration. La figure du sans-papiers qui « profitait » des aides sociales était récurrente, tout comme l'idée selon

33. *Ibid.*, p. 137-139.
34. Tim Alberta, *American Carnage: On the Front Lines of the Republican Civil War and the Rise of President Trump*, HarperCollins, 2019, p. 6.

laquelle l'immigration plombait les finances publiques. On appelait souvent à mieux contrôler les frontières et à réserver l'accès aux services publics aux citoyens américains[35]. Encore un avant-goût du tournant nativiste pris par le Parti républicain ces dernières années. Qu'on soit un employé au salaire minimum entravé par le coût des assurances médicales ou un petit patron dégoûté par le niveau des impôts, l'immigré sans papiers était devenu la cible idéale.

Affirmer que Donald Trump disait tout haut ce que beaucoup d'électeurs pensaient tout bas n'est donc pas exact, car quand il a lancé sa campagne de 2016 en proposant la construction d'un mur géant il disait ce que beaucoup d'électeurs républicains disaient *déjà* tout haut : l'immigration est la mère de tous les maux. Et les conditions étaient réunies pour sa victoire. Des franges de l'électorat populaire démocrate regardaient les années Clinton et Obama avec ambivalence. Les évangéliques étaient à la recherche d'un allié. Les autres républicains étaient tout simplement prêts à voter pour n'importe quel républicain. Cerise sur le gâteau : les démocrates se sont rangés derrière une candidate particulièrement vulnérable, quelqu'un qui semblait incarner le pire du système politique…

*

Perpignan est bien loin de la Bible Belt[36]. Et en ce début de décembre, alors que la tramontane souffle sur la plaine du Roussillon, mes souvenirs de la chaleur impitoyable du Deep South américain me semblent lointains. Mais à certains moments, la discussion avec Micheline et Aïcha, des électrices

35. Theda Skocpol et Vanessa Williamson, *The Tea Party and the Remaking of Republican Conservatism*, *op. cit.*, p. 59-62.
36. Elle désigne une zone du Sud des États-Unis qui s'étend de l'Oklahoma jusqu'à la Caroline du Nord en passant par la Louisiane et la Virginie, connue pour son attachement profond aux valeurs religieuses chrétiennes.

du Rassemblement national, rencontrées pour la première fois en 2020, me rappelle étrangement mon périple estival dans le Tennessee. Rendez-vous dans un restaurant du centre-ville, un repère des sympathisants du RN et d'anciens Gilets jaunes. Au début de notre interview, alors que son amie n'est pas encore arrivée, Aïcha évoque un sujet que, très sincèrement, je ne m'attendais pas à aborder ce soir-là : les crèches de Noël. « En France, maintenant ils interdisent de mettre la crèche dans les mairies. Tu ne sais plus où tu es », me dit cette originaire de Narbonne de 54 ans, fille de harki et « musulmane non pratiquante » selon ses propres mots. « Marine Le Pen, c'est “on est en France, on reste en France”. »

Ici, dans la plus grande des villes de France tenues par le RN, la crèche de Noël est devenue l'objet d'une bataille politique annuelle. Le jour même de mon rendez-vous avec Aïcha, le maire Louis Aliot avait inauguré, sur le parvis de l'hôtel de ville, l'installation du *pessebre*, une crèche de tradition catalane[37]. Le dernier épisode d'une polémique née fin 2022 : le maire avait alors décidé d'installer une crèche dans le patio de la mairie. Quand le tribunal administratif de Montpellier a exigé son démantèlement au nom de la loi de 1905 sur la laïcité, la ville de Perpignan a préféré payer une amende de 100 euros par jour plutôt que de l'enlever[38]. L'année suivante, Louis Aliot a réinstallé la crèche, cette fois-ci dans un petit chalet en bois au-dehors de l'enceinte de l'hôtel de ville. Techniquement, les personnages de la crèche n'étaient pas dans le périmètre de la mairie[39]. Il a opté pour la même approche en 2024, en ajoutant une seconde crèche dans une barque flottante visible

37. Valérie Pons, « Louis Aliot, maire de Perpignan, inaugure le *pessebre* de Noël de l'Hôtel de Ville, toujours sujet à polémique », *L'Indépendant*, 3 décembre 2024 (en ligne).
38. Éloïse Bussy, « Crèche de Noël controversée à Perpignan : comment le maire RN Louis Aliot espère empêcher l'interdiction en justice », *France 3 Occitanie*, 26 novembre 2023 (en ligne).
39. Émilien Vicens, « Perpignan. Le tour de passe-passe de Louis Aliot pour installer la crèche de Noël en mairie », *Actu.fr*, 24 novembre 2023 (en ligne).

depuis les quais de la Basse, un affluent de la Têt qui traverse le centre-ville, s'attirant une plainte de la Ligue des droits de l'homme…

Quand Micheline entre dans le restaurant, cette retraitée de 77 ans, originaire de Poitiers et qui a commencé sa carrière dans les impôts avant de devenir aide-soignante, donne son avis sur la polémique. « C'est les woke et toute cette merde-là. Tout ça, c'est des assos qui font des lois comme ça. » En réalité, c'est le Conseil d'État qui a précisé, en 2016, que, dans les bâtiments publics, « une crèche de Noël ne peut pas être installée, sauf si des circonstances particulières montrent que cette installation présente un caractère culturel, artistique ou festif[40] », et les batailles juridiques jouent sur l'interprétation de cette décision. En tout cas, quand Aïcha me raconte l'affrontement entre Louis Aliot et le tribunal de Montpellier, Micheline se met à sourire. « Il s'en fout lui, il préfère payer [les sanctions]. » Elle est fière de son maire qui défend des « valeurs » contre les autres. « On est laïques, mais on a des coutumes. »

Très concrètement, la crèche de Noël ne va pas améliorer les conditions de vie de ces deux femmes qui se sont rencontrées sur un rond-point la première journée des Gilets jaunes, affectées par le coût de la vie et se sentant abandonnées par l'État. Si elles ont toutes les deux le sentiment d'appartenir à la « classe moyenne », elles ont des revenus fixes bien modestes. Aujourd'hui, Aïcha reçoit une pension d'invalidité de 1 300 euros et elle en dépense la moitié dans son loyer au centre-ville de Perpignan. Ancienne responsable d'un magasin d'horlogerie, elle ne travaille plus depuis un accident du travail en 2015. Micheline, pour sa part, est propriétaire d'un appartement

40. Décision de justice, « Installation de crèches de Noël par les personnes publiques », 9 novembre 2016, site du Conseil d'État (en ligne).

dans un quartier excentré. Elle touche une retraite de 970 euros et une prestation compensatoire de 300 euros.

Mais ce débat sur la crèche a une forte valeur symbolique. Si elles s'y intéressent, c'est qu'elles se sentent concernées. Pour Aïcha, il est clairement le symbole d'une France en voie de disparition. Quand je demande à cette ancienne électrice de l'UMP de mieux m'expliquer pourquoi elle vote Marine Le Pen depuis 2017, elle ne mâche pas ses mots : « Il y a beaucoup d'étrangers qui rentrent en France. Tu vois le truc, quand même, quand tu vas te promener en ville ici à Perpignan. Tu te demandes dans quel pays tu es. » Aïcha est d'origine maghrébine mais elle ne se considère pas comme appartenant à cette communauté qu'elle décrit ainsi : « Il y en a plein qui viennent ici, qui s'installent, qui ne travaillent pas, qui vivent de la société, qui profitent. Souvent c'est des dealers, et après ils n'ont pas d'éducation… C'est plus la France maintenant, on se sent plus dans nos droits. Moi j'ai dit à mes enfants : "Partez, partez, allez vivre ailleurs." » À un moment, elle oppose le *pessebre* à une autre forme d'expression religieuse : « Si c'est interdit de mettre la crèche, on va où ? Par contre, on a le droit de construire des mosquées à côté. »

Le discours de Micheline est un peu plus nuancé. Elle votait à gauche « avant », comme ses parents, mais elle ne participait pas à toutes les élections et pendant des années elle n'a pas trop suivi la politique. Tout cela a changé avec les Gilets jaunes. Depuis sa participation au mouvement, elle vote RN : « Je voyais mon pouvoir d'achat. Les frontières ouvertes, j'suis pas d'accord. L'Europe, j'ai voté non, tout le monde a voté non, mais ils l'ont fait quand même. Alors tout ça, ça m'a gonflée. Hollande, Sarkozy, Macron, n'en parlons pas. C'est la catastrophe, et c'est de pire en pire parce que maintenant on n'est plus en sécurité. Moi je dis que tous les OQTF [personnes sous le coup d'une obligation de quitter le territoire français] qui sont là, il faut les faire rentrer chez eux. » Après une pause clope, elle me cite d'autres doléances : « Il y a la santé, les salaires, la baisse de remboursement de certains médicaments, tout va mal. » La nostalgie teinte ses propos. À un moment, elle lâche une phrase qui me semble assez bien résumer ses opinions politiques : « Je voudrais qu'on garde notre culture, qu'on garde nos industries, qu'on reste la France quoi, quand même. »

Les attentes vis-à-vis de l'État sont évidemment bien plus élevées en France qu'aux États-Unis. Mais quand je me rappelle que c'est la crèche de Noël qui a provoqué notre discussion, je ne peux m'empêcher de penser aux guerres culturelles américaines. Non seulement parce que les débats autour de la religion dans l'espace public sont récurrents aux États-Unis (et particulièrement pendant la période des fêtes), mais surtout parce que ces polémiques sont révélatrices de maux beaucoup plus profonds. Quand les conservateurs américains s'engagent dans un combat pour assurer la visibilité de la religion chrétienne dans l'espace public, il s'agit surtout de signaler leur opposition à une société qui perd ses racines, ses valeurs, son histoire… et bien sûr de dépeindre les démocrates comme une bande élitiste déconnectée des traditions populaires. C'est tout le sens de la « *war on Christmas* », cette « guerre » fantasmée où une gauche politiquement correcte serait en train d'« exterminer » une à une les traditions de Noël aux États-Unis[41]. La déplorer est devenu une sorte de rituel annuel.

En politique, on choisit soigneusement ses combats, et il est intéressant de noter que le maire de Perpignan a décidé de se battre sur ce sujet. Emboîtant le pas à d'autres élus français qui passent à l'offensive depuis les années 2010 : Robert Ménard à Béziers, Julien Sanchez à Beaucaire, Laurent Wauquiez en

41. John Gibson, *The War on Christmas: How the Liberal Plot to Ban the Sacred Christian Holiday Is Worse Than You Thought*, Sentinel Trade, 2006.

région Auvergne-Rhône-Alpes. Dans ce pays déchristianisé, beaucoup plus que les États-Unis, ces conflits très médiatisés mettent en avant des thématiques chères aux électeurs de droite : la perte de valeurs traditionnelles, la nostalgie d'une France qui n'existe plus, la transformation démographique de la population. Et ils permettent, bien sûr, à ceux qui se lancent dans ces combats de décrédibiliser leurs adversaires. À Perpignan, on doit choisir son camp : soit on est pour, soit on est contre. Et si on se retrouve dans la seconde catégorie, on est soupçonné de ne pas aimer la patrie. Interviewé par un journaliste de France 3 en 2023, Louis Aliot s'en était pris aux détracteurs de la crèche avec cette insulte fétiche de l'extrême droite française : « Ce sont des anti-France en quelque sorte[42]. »

Le cas de Micheline et Aïcha montre qu'on ne peut se contenter d'opposer « questions sociales » et « questions sociétales/identitaires ». Pour l'une comme pour l'autre, leur déclassement est indissociable de l'immigration. C'est, par ailleurs, une des conclusions du politiste Félicien Faury au terme d'une longue étude de terrain menée auprès des électeurs RN en Provence. Dans son ouvrage *Des électeurs ordinaires*, il brosse le portrait d'un électorat de « dominants dominés » voyant la société française à travers un « ordre racial » et craignant les effets d'une concurrence incarnée par des personnes identifiées comme immigrées[43].

L'opposition à l'immigration de mes deux interlocutrices ne résulte pas juste d'un racisme anti-arabe. Aïcha est elle-même d'origine nord-africaine, tout comme l'ex-conseiller de Louis Aliot, Mohamed Bellebou, fils de harki, qui nous

42. Éloïse Bussy, « Crèche de Noël controversée à Perpignan : comment le maire RN Louis Aliot espère empêcher l'interdiction en justice », art. cit.
43. Félicien Faury, *Des électeurs ordinaires. Enquête sur la normalisation de l'extrême droite, op. cit.*

rejoint à table et m'explique calmement pourquoi le RN va arriver au pouvoir aux prochaines élections : « Aujourd'hui, vous mettez une chèvre inscrite au RN aux élections, elle est élue. » Les deux femmes expriment une hostilité viscérale envers l'immigration dans son ensemble. Aïcha et Micheline ne sont pas plus favorables à l'accueil des réfugiés ukrainiens à Perpignan. C'est d'ailleurs la seule critique qu'elles se permettent à l'encontre de Louis Aliot. En 2022, il avait organisé deux convois humanitaires pour faire venir environ cent cinquante Ukrainiens[44]. « D'abord, il doit s'occuper de sa ville », proclame Aïcha. Micheline raconte alors l'histoire d'une réfugiée ukrainienne qui aurait fait venir trois membres de sa famille à Perpignan, profitant des appartements payés par la ville. « Tout ça, c'est nous qui le payons. Et pendant ce temps-là, tu vois les gens, nos vieux qui mangent dans les poubelles, moi je vois ça. »

Si l'immigration joue un rôle central dans l'imaginaire des électeurs RN, tout comme chez les électeurs du Parti républicain américain, les travaux de Luc Rouban permettent de nuancer son importance. Selon ce directeur de recherche au Cevipof, l'immigré est devenu, aux yeux des électeurs RN, « le miroir et l'instrument d'un déclassement social[45] » généralisé. Cette figure incarne une série de menaces : la mondialisation incontrôlée, un ordre public qui s'effrite, un tissu social qui se déchire, le mépris du travail… Peu importe si les personnes interrogées sont véritablement en contact avec des immigrés. C'est un des grands paradoxes de la situation politique actuelle : un parti d'extrême droite monte en puissance dans un pays où les études d'opinion montrent que le racisme

44. « Réception des réfugiés ukrainiens arrivés en mars 2022 à Perpignan », invitation presse de la mairie de Perpignan, 3 mars 2023 (en ligne).
45. Luc Rouban, *Les Ressorts cachés du vote RN*, Presses de Sciences Po, 2024, chapitre I.

est en recul[46]. Ainsi, c'est dans les zones rurales où l'immigration est peu présente que le RN réalise des scores élevés.

Avant de partir, je pose tout de même une dernière question à Micheline et Aïcha. Je sais déjà qu'Emmanuel Macron incarne l'ennemi absolu : adversaire principal des Gilets jaunes, champion d'une mondialisation responsable de la destruction de la France et de ses valeurs. Mais pourquoi ne voient-elles pas la gauche comme une option crédible ? Pourquoi n'ont-elles pas voté pour le Nouveau Front populaire ? Le NFP avait proposé d'augmenter les salaires et les retraites, d'investir plus dans les services publics, de bloquer les prix des produits de première nécessité, n'est-ce pas ? Pendant que je cite le programme du NFP, Aïcha reste silencieuse. Micheline n'a pas très envie d'en discuter : « Parce que c'est faux. C'est faux ! »

Comme le Parti démocrate, la gauche française a déjà été au pouvoir et elle n'a pas répondu aux attentes de Micheline et Aïcha. Leurs conditions de vie ne se sont pas améliorées. Le déclin du pays n'a cessé de s'aggraver. Et si Micheline ne le précise pas, c'est peut-être parce que c'est évident : elles ne partagent pas du tout ces valeurs si chères à la gauche (défense des immigrés, critiques de la discrimination, esprit internationaliste…).

*

Comme beaucoup de Français, Micheline et Aïcha ont basculé vers le RN dans un contexte où l'image du parti d'extrême droite n'a jamais été aussi positive. Cela n'est pas seulement le produit d'une campagne de « dédiabolisation » menée par le parti lui-même. La classe politique française porte une lourde part de responsabilité dans la banalisation de ce parti et de

46. Voir Vincent Tiberj, *La Droitisation française. Mythe et réalités*, PUF, 2024.

ses idées au fil des années. De François Mitterrand, qui a vu dans l'ascension de Jean-Marie Le Pen un moyen d'affaiblir ses rivaux, à Emmanuel Macron, qui, au cours de son mandat, n'a pas hésité à employer un vocabulaire longtemps confiné aux marges de la droite radicale (« décivilisation », « ensauvagement », « immigrationniste », etc.) en passant, bien sûr, par Nicolas Sarkozy et sa vision d'une « droite décomplexée », et Valérie Pécresse, candidate LR à la présidentielle de 2022 qui a évoqué le « grand remplacement » pour tenter de sauver sa campagne moribonde.

Le fait que le RN soit au pouvoir dans des villes comme Perpignan accélère encore cette normalisation. Malgré les cris d'orfraie de ses adversaires, le mandat de Louis Aliot n'a pas été un désastre pour la ville. Au contraire, son bilan est plutôt largement apprécié. Selon un sondage CSA commandé par la municipalité en juillet 2023, 67 % des habitants étaient satisfaits de l'action du maire[47]. À en croire les derniers résultats des élections législatives et présidentielle, cela concorde avec l'expérience des habitants d'autres villes gérées par le RN : Hénin-Beaumont, Fréjus, Hayange… Ce qui n'est pas sans rappeler, à une autre échelle évidemment, le premier mandat de Donald Trump. Alors que le président s'attirait des critiques véhémentes, avant et après sa victoire improbable, une frange non négligeable de la population américaine avait plutôt l'impression que les choses allaient dans le bon sens.

À l'image de ce qui se passe chez les républicains, l'électorat du RN s'élargit, devenant de plus en plus hétérogène. En France, de plus en plus d'électeurs de droite finissent par basculer vers le parti de droite le mieux placé pour gagner.

47. Damien Mestre, « Perpignan : 67 % des habitants satisfaits de Louis Aliot, selon un sondage CSA commandé par la municipalité », *Ici Roussillon*, 21 juillet 2023 (en ligne).

Quand le RN n'est plus tabou et que la droite classique n'est plus crédible, il n'est pas si difficile d'envisager de passer d'un camp à l'autre. C'est ce que m'explique Marie[48], la patronne du restaurant à Perpignan. « Je suis commerçante, du coup la gauche c'est pas possible pour moi », me dit-elle. Déçue par le premier mandat de Nicolas Sarkozy, cette ancienne électrice UMP vote Marine Le Pen aux élections présidentielles depuis 2012. Sa façon de défendre ses intérêts économiques tout en adhérant aux valeurs de droite classiques me rappelle Stacey, la manageuse du McDonald's en Virginie-Occidentale... Marie veut un président ou une présidente qui va défendre « les intérêts des Français avant tout ». Et aujourd'hui, pour elle, c'est le RN le mieux placé pour le faire.

Dans cette ville où le RN est complètement banalisé, l'opposition n'a pourtant pas entièrement disparu. Au fond de ce restaurant, on m'encourage à parler avec Boubak, un ex-Gilet jaune de 47 ans qui habite dans un quartier populaire au nord de Perpignan et qui vote La France insoumise. « On a des discussions qui ne durent pas plus longtemps que le temps de boire un verre », m'explique ce guide touristique, fils d'immigrés algériens (non harkis). « Ce sont des désaccords de comptoir, on va dire. Et puis on sait s'arrêter à temps parce qu'on sait que nous, à la fin, on n'est que des petites fourmis qui se disputent alors que tout se passe là-haut et que ça se passe au-delà de nos différences. Je pense que le monde est plutôt divisé entre ceux qui ont de l'argent et du pouvoir et ceux qui n'ont pas d'argent et pas de pouvoir. Comme nous. »

Micheline et Aïcha l'ont dit très clairement : leur soutien au RN est le produit d'un rejet de la mondialisation, d'une peur du déclassement, d'une opposition féroce à l'immigration.

48. Le prénom a été modifié.

Mais il y a un autre facteur qui semble dépasser la sphère politique. Parfois, elles évoquent des sujets qui laissent entendre que ça se passe à un autre niveau : la dangerosité des vaccins, la problématique des *chemtrails* (référence aux traînées blanches laissées dans le ciel par les avions), le « nouvel ordre mondial »…

En effet, Aïcha m'explique que les Gilets jaunes ont également marqué une rupture dans sa consommation médiatique. Dégoûtée par la couverture du mouvement dans la presse, elle s'est tournée ailleurs pour s'informer. Aujourd'hui, elle ne lit plus les journaux et ne regarde plus la télévision. Elle s'informe plutôt sur des boucles WhatsApp et Telegram, et parfois sur Facebook. Naviguant de lien en lien sur des sites Internet dont elle ne se rappelle plus les noms.

C'est aussi le cas de Micheline, qui fait cependant une exception pour une chaîne de télévision. « Ce sont des menteurs. Les infos sont fausses. Mais je regarde CNews. C'est un peu plus vrai. » Pourquoi ? « CNews nous parle de la vérité. Quand il y a eu les vaccins et les effets secondaires, tout ça… Et il y a [Pascal] Praud que j'aime bien. Il n'a pas la langue de bois. CNews, au début, c'était un peu pareil à BFM, mais ils disent un peu plus la vérité. » Elle aime bien Cyril Hanouna aussi, et surtout son émission phare « Touche pas à mon poste » : « Quand il se passe un fait divers, eh bien, il fait venir la personne. Le soir, elle est sur le plateau. Et voilà. Elle dit ce qui s'est passé exactement. » Quand Marie allume la télévision derrière nous, elle est déjà sur C8. « Moi, je m'éclate avec Cyril ! » s'exclame la patronne du restaurant.

# Fox News, CNews, même combat ?

Walter Lippmann l'avait observé il y a plus de cent ans : le monde réel est « trop large, trop complexe, trop fugace[1] » pour être observé directement. Les médias jouent donc un rôle primordial en politique pour nous permettre d'accéder au monde extérieur. Nous maîtrisons relativement peu de sujets et nous dépendons de leur travail pour nous fournir une certaine représentation du réel. Dans le meilleur des cas, l'ensemble d'images et de textes livrés forme une restitution fidèle. C'est, après tout, le but du journalisme, dont les pratiques se sont professionnalisées au cours du XX^e^ siècle. La manière dont les médias représentent la réalité façonne la vie politique. Non seulement ils nous informent, mais ils orientent notre engagement en tant que citoyens : Quels sujets comptent ? Quels sont les défis les plus importants et comment pouvons-nous les résoudre ? Qui sont nos alliés ? Qui sont nos ennemis ? Les réponses à ces questions varient selon les médias.

Si le journalisme est en crise – aux États-Unis, le secteur a perdu un quart de ses emplois entre 2008 et 2020[2] –, les médias n'ont paradoxalement jamais eu autant d'influence. Et ce n'est pas forcément une bonne chose. Une société démocratique saine générerait une multitude d'espaces favorisant

1. Walter Lippmann, *Public Opinion*, Harcourt, Brace & Co, 1922.
2. Mason Walker, « U.S. newsroom employment has fallen 26% since 2008 », *Pew Research Center*, 13 juillet 2021 (en ligne).

une participation active du citoyen au débat politique. Or aux États-Unis, comme en Europe, la société est de plus en plus fragmentée et la solitude de plus en plus répandue. Dans *Bowling Alone*, publié en 2000, le sociologue Robert Putnam avait observé le déclin des relations interpersonnelles aux États-Unis, incarné par la tendance à aller jouer seul au bowling, un sport jusqu'à alors considéré comme une activité collective[3]. Et depuis la crise du Covid, cette dislocation sociale a pris des proportions monstrueuses. Les Américains l'appellent « l'épidémie de solitude » : en 2023, l'administrateur de la Santé publique des États-Unis a publié un rapport alarmant sur les effets désastreux de ce phénomène[4]. Non seulement il est devenu de plus en plus rare pour les Américains de s'impliquer dans une association locale, un syndicat ou un club de sport, mais même les interactions sociales spontanées avec autrui sont devenues plus rares. Alors qu'elle a longtemps été fédératrice et rassembleuse, la politique est aujourd'hui envisagée comme une activité solitaire : on va consommer l'actualité sur son portable, regarder la télévision, ou les deux. Adieu la discussion animée au *diner*, bonjour le *doomscrolling*[5] en silence.

L'époque où les Américains de tous bords prêtaient attention à quelques journaux de référence et à quelques chaînes de télévision nationales est définitivement terminée. Les sources d'information se sont démultipliées. Une panoplie de sites Web submergent les lecteurs dans un océan de contenus correspondant à leurs préférences partisanes, parfois d'une fiabilité douteuse. Les réseaux sociaux proposent la même

3. Robert Putnam, *Bowling Alone: The Collapse and Revival of American Community*, Simon & Schuster, 2000.
4. « Our Epidemic of Loneliness and Isolation », rapport du département de la Santé et des Services sociaux des États-Unis (HHS), 3 mai 2023 (en ligne sur le site du HHS).
5. Le *doomscrolling* désigne l'action de passer de longues périodes à faire défiler des informations sur son téléphone, souvent de manière compulsive.

formule, notamment X (ancien Twitter) depuis son rachat par Elon Musk, défenseur acharné de la « liberté d'expression ». Les podcasts captent des audiences de plus en plus importantes, rivalisant avec la presse écrite. Le premier podcasteur des États-Unis, Joe Rogan, compte environ 14,5 millions d'abonnés sur Spotify[6], environ trois millions de plus que le *New York Times*.

Et pourtant, en France comme aux États-Unis, la télévision continue à occuper une place prépondérante[7], notamment chez les personnes âgées, la catégorie qui vote le plus. Depuis presque trente ans, une chaîne d'actualité joue un rôle disproportionné dans la vie politique américaine, contribuant à la radicalisation du Parti républicain ainsi qu'à la droitisation du débat en général. Il s'agit, bien évidemment, de Fox News, lancée en 1996 par le milliardaire Rupert Murdoch, ce magnat des médias qui avait débuté sa carrière dans son Australie natale puis au Royaume-Uni avant de conquérir le marché états-unien. Malgré la fragmentation de l'espace médiatique, l'influence de Fox News reste essentielle. Elle a visiblement inspiré CNews, cette chaîne lancée en 2017 par Vincent Bolloré, lui aussi un milliardaire ultraconservateur.

Les parallèles entre Fox News et CNews sont frappants. Conçus expressément par leurs fondateurs comme des armes politiques, les deux médias exercent leur influence avec des méthodes qui se ressemblent : par leurs lignes éditoriales, les deux chaînes structurent les priorités des électeurs et des élus conservateurs. En cultivant des liens étroits avec des

6. Ashley Carman, «Spotify reveals Joe Rogan's podcast numbers», *Bloomberg*, 21 mars 2024 (en ligne).
7. Selon une étude de Pew Research sur la consommation médiatique des Américains en 2024, 62 % d'entre eux s'informent au moins «parfois» à la télévision (en ligne sur le site *Pew Research*). Selon une étude de l'Arcom publiée en mars 2024, *Les Français et l'information*, la télévision reste le premier mode d'accès à l'information des Français. 80 % d'entre eux ont déclaré s'informer «au moins une fois par semaine en regardant une chaîne de télévision» (en ligne sur le site *Arcom*).

partis de droite, elles brouillent les frontières entre acteurs médiatiques et acteurs politiques. Enfin, et c'est peut-être le point le plus important, même s'il est parfois négligé par leurs détracteurs, ces deux médias ont perfectionné un style populiste qui continue d'attirer des millions de téléspectateurs. Ce n'est pas pour rien que Fox News et CNews sont devenues les chaînes d'actualité en continu les plus regardées aux États-Unis et en France.

*

Pour comprendre Fox News, il faut d'abord se familiariser avec la puissance du *talk radio* américain. Le paysage audiovisuel américain est plus vaste qu'en France et il est aussi moins réglementé. En 1987, la Commission fédérale des communications (la FCC), l'agence chargée de réguler l'audiovisuel, a décidé de mettre fin à ce qu'on appelait la *Fairness Doctrine*. Selon ces règles, conçues dans les années 1930, les diffuseurs étaient jusque-là obligés d'aborder des sujets d'intérêt général et d'une manière « équitable », en présentant des points de vue divergents[8]. Au terme d'un bras de fer législatif entre la Maison-Blanche et le Congrès pendant la présidence de Ronald Reagan, la FCC a fini par abroger la *Fairness Doctrine*. Quelques années plus tard, en 1996, le président Bill Clinton avalisait un autre changement majeur en apposant sa signature à une réforme de l'audiovisuel qui supprimait le nombre maximal de stations de radio qu'une seule entreprise pouvait posséder. Ce changement de paradigme a bénéficié à une série d'animateurs radio, notamment ceux à tendance conservatrice.

8. Kathleen Ann Ruane, «Fairness Doctrine: history and constitutional issues», Congressional Research Service, *CRS Reports*, 13 juillet 2011 (en ligne).

Parmi les grands gagnants de la nouvelle donne médiatique se trouve Rush Limbaugh. Né en 1951 dans une petite ville du Missouri sur les bords du Mississippi, il n'était pas qu'un conservateur convaincu. Bien sûr, il défendait les valeurs du Parti républicain sans hésitation, fustigeant l'avortement, le contrôle des armes à feu et les impôts. Mais son style le distinguait nettement des autres éditorialistes conservateurs plus connus à l'époque, notamment de William F. Buckley, rédacteur en chef du magazine *National Review* et animateur de « Firing Line », une émission de débat diffusée sur un réseau de chaînes publiques. Figure du mouvement conservateur depuis les années 1960, William Buckley parlait avec calme et élégance, avec un vieil accent d'aristocrate du Nord-Est aujourd'hui en voie de disparition : l'accent des « brahmanes de Boston ». Rush Limbaugh, lui, s'exprimait comme l'un des camionneurs qui écoutaient son émission, hurlant pour exprimer son enthousiasme ou son désaccord (« L'homme le plus en colère que vous ayez jamais vu », chanteraient les Bottle Rockets dans « Welfare Music[9] »). Limbaugh n'hésitait pas non plus à lâcher des blagues, souvent grossières, insultantes et discriminatoires. Il a notamment popularisé le terme « *femi-nazi* », sa façon de qualifier des militantes des droits des femmes. Mais avant tout, ce fervent partisan de Pat Buchanan en 1992 ne manquait jamais l'occasion de s'en prendre à ses adversaires de gauche, les accusant de mépriser les Américains ordinaires comme lui et ses millions d'auditeurs.

C'est au début des années 1990 que la droite a amorcé sa conquête du format du *talk radio*. Et cette domination du marché persiste aujourd'hui. Dans la liste des quinze émissions les plus écoutées publiée en 2024 par *Talkers Magazine*[10], le

9. Steve Hochman, « Rush to judgment », *Los Angeles Times*, 17 mars 1996 (en ligne).
10. « Top talk audiences », *Talkers Magazine* (en ligne).

média professionnel de référence, il n'y a qu'un seul animateur de gauche, Thom Hartmann, dont l'émission quotidienne attire 6 millions d'auditeurs par mois et que j'ai interviewé sur Zoom. Selon lui, le format du *talk radio* n'a rien d'intrinsèquement conservateur. L'emprise de la droite sur la radio est une conséquence de la libéralisation du secteur : la réforme de Clinton a laissé la voie libre aux magnats des médias pour acheter autant de stations qu'ils le souhaitaient, et financer des émissions qui confortent leurs opinions et qui défendent leurs intérêts. Logique. Mais il reconnaît qu'il y a d'autres raisons derrière le succès fulgurant de Rush Limbaugh, cette star qui a continué son émission jusqu'à sa mort en 2021 : « Tout d'abord, c'était un vrai professionnel de la radio. Quand on fait de la radio, on apprend comment poser sa voix, on apprend comment hausser le ton, on apprend comment interagir avec ses auditeurs. Limbaugh savait faire tout ça dès le début. Donc le niveau de production était vraiment top. Quand tu as l'impression que le mec ne travaille même pas, quand ça a l'air complètement naturel, ça veut dire qu'il a énormément bossé ! Je le sais d'expérience. Mais deuxièmement, il disait des choses tout à fait scandaleuses. C'était une période où les tabous tombaient, où on transgressait les limites. À gauche, dans les années 1960 et 1970, il y avait eu la révolution sexuelle, la révolution psychédélique, voire la révolution politique. Mais il n'y avait pas eu cette révolution à droite. Rush Limbaugh autorisait les gens – en particulier des hommes blancs peu sûrs d'eux-mêmes, des personnes racistes qui ne se croyaient pas racistes, des personnes misogynes qui ne se croyaient pas misogynes –, bref, il autorisait ces gens-là à dire à voix haute, publiquement, ce qu'ils pensaient déjà, ou en tout cas, ce qu'ils disaient entre eux en plaisantant à moitié. Et les gens se réjouissaient de cette possibilité. »

Ce côté outrancier n'a pas empêché Rush Limbaugh de cultiver des liens avec le monde politique. Il a notamment encouragé ses auditeurs à se rendre massivement aux urnes lors des *midterms* de 1994. Et quand les républicains ont transformé l'essai, prenant le contrôle des deux chambres du Congrès pour la première fois depuis les années 1950, il a été remercié personnellement par les dirigeants du parti. Invité à Washington, il a même reçu le titre de « membre honoraire » du groupe des nouveaux élus républicains[11]. Les nombreux imitateurs de Rush Limbaugh ont retenu une leçon essentielle : il fallait passer à l'offensive, et le faire sans gêne. On pouvait pousser les limites de l'acceptable, tout en demeurant respectable à droite.

Au lancement de Fox News en 1996, le directeur de la chaîne, Roger Ailes, avait compris la nécessité d'adopter un style qui ressemblait plus à celui de Rush Limbaugh qu'à celui de William F. Buckley. Comme le rappelle Reece Peck dans son ouvrage *Fox Populism: Branding Conservatism as Working Class*[12], Rupert Murdoch et Roger Ailes n'étaient pas les premiers à lancer une chaîne de télévision conservatrice aux États-Unis. D'autres tentatives au début des années 1990 avaient échoué. Ce qui distinguait Fox News de ses prédécesseurs, c'était son style résolument populiste, cultivant en permanence l'opposition identitaire entre « nous », simple peuple américain, et « eux », les élites bien-pensantes. Et ce style a perduré au fil des années. Lorsqu'on regarde Fox News, on n'est pas simplement bombardé par les thèmes de prédilection de la droite américaine : l'insécurité, l'immigration, la perte de moralité, les excès du *Big Government*, la dette publique, etc. Mais, et c'est là la nouveauté, on a aussi l'impression que le paysage médiatique états-unien est gangrené par un *establishment* coupé de l'Amérique authentique. À l'antenne, les éditorialistes et les invités ne cessent de critiquer les médias plus prestigieux que

11. Katharine Q. Seelye, « Republicans get a pep talk from Rush Limbaugh », *The New York Times*, 12 décembre 1994 (en ligne).
12. Cambridge University Press, 2019.

Fox News : CNN, le *New York Times* et le *Washington Post*, tout particulièrement. Ces derniers sont perpétuellement taxés de snobisme et de mépris pour les « gens ordinaires », à l'image d'une gauche accusée d'abandonner le peuple américain. Et, bien sûr, on est diverti en même temps. Si on se limite à la critique idéologique de son contenu, comme le font souvent ses détracteurs, on risque de ne pas saisir l'attrait du produit.

*

Les différences entre les paysages audiovisuels américain et français sont nombreuses : l'importance du financement public, une régulation plus stricte des contenus, le rôle de l'État dans l'attribution, le renouvellement des fréquences TNT… Vincent Bolloré est arrivé dans un monde beaucoup plus réglementé qu'aux États-Unis. Cependant, les dirigeants de CNews ont su adopter un style populiste à la française, s'inspirant des éléments clés du modèle de Rupert Murdoch.

Sur CNews, les médias du service public sont régulièrement fustigés et dépeints comme le bastion d'une gauche culturelle déconnectée de la réalité des Français, « et tout cela avec nos impôts » étant un mantra qui ponctue chaque critique virulente. Pour Pascal Praud, l'animateur vedette de « L'heure des pros », sur CNews, France Inter est une cible de choix. Citons quelques exemples : en octobre 2020, il déclare que « France Inter, c'est de la propagande ! », regrettant que personne n'ait le courage « de s'attaquer à cela[13] ». En mai 2024, il qualifie une émission de France Inter « de radicale ultragauche[14] ». En janvier 2024, un de ses invités réguliers, Gilles-William Goldnadel, déplore

13. Florian Guadalupe, « Pascal Praud : "France Inter, c'est de la propagande !" », *Puremédias*, 19 octobre 2020 (en ligne).
14. Florian Guadalupe, « "C'est une émission radicale ultra-gauche !" : Pascal Praud horripilé par le maintien de "La Terre au carré" de Mathieu Vidard sur France Inter », *Puremédias*, 25 mai 2024 (en ligne).

une « léninisation du journalisme[15] ». Quand on fait le choix de regarder CNews, on s'attend à une expérience fondamentalement différente de celle offerte par les médias des services publics. Nous savons très bien que nous écoutons *autre chose*. Et à en croire les chroniqueurs et les éditorialistes, on est en communion avec les Français, alors même que les audiences de France Inter battent des records. Le paradoxe ne les effleure pas.

Durant la seconde moitié du XXe siècle, c'étaient plutôt les médias de gauche en France qui clamaient leur opposition aux médias dominants. Fondé par Maurice Clavel et Jean-Paul Sartre en 1973, *Libération* critiquait dans son premier numéro les « puissants intérêts » pesant sur la presse, et le quotidien affichait sa liberté et son indépendance comme des atouts dans un pays en pleine ébullition. L'extrême droite avait ses propres organes de presse, notamment l'hebdomadaire *Minute*, mais ces derniers n'avaient pas l'ambition de concurrencer les journaux dominants. Leur lectorat était marginal.

Chaque jour, CNews touche des millions de Français et son *media-bashing* rencontre des échos dans la société. Selon le dernier sondage annuel *La Croix*-Kantar Public sur le sujet, 57 % des Français considèrent qu'il faut « se méfier de ce que disent les médias sur les grands sujets d'actualité[16] ». Critiquer les journalistes plaît au plus grand nombre.

Les éditorialistes les plus connus des deux côtés de l'Atlantique alimentent ce style populiste. Évidemment, ils gagnent bien leur vie. Le salaire annuel de Pascal Praud à Europe 1 se situe autour d'un million d'euros[17]. Celui de Sean Hannity, le chroniqueur le mieux payé de Fox News ?

15. Thierry Vincent, « Insultes, boycott, réinformation : l'extrême droite en croisade contre le journalisme », *Blast*, 2 mars 2024 (en ligne).
16. « Plus de la moitié des Français ne font pas confiance aux médias sur les sujets d'actualité, selon le nouveau baromètre "La Croix" », *France Info*, 22 novembre 2023 (en ligne).
17. Xavier Martinage, « Le jackpot que pourrait toucher Pascal Praud en rejoignant Europe 1 », *Capital*, 26 avril 2023 (en ligne).

25 millions de dollars en 2020, selon *Forbes*[18]. L'un habite le 7e arrondissement de Paris, l'autre à Palm Beach, une des villes les plus riches des États-Unis. Comme le savent les habitués des plateaux de télévision, la télé, c'est, en grande partie, un spectacle. Quand les caméras se mettent à tourner, les animateurs phares de Fox News et de CNews assument leurs rôles d'*outsiders* en phase avec les classes populaires et moyennes de leurs pays respectifs. Sean Hannity évoque souvent son enfance passée dans une ville de la banlieue new-yorkaise de classe moyenne[19]. Il parle un langage simple avec un ton direct, s'identifiant à son audience. Un exemple parmi d'autres : le jour de l'ouverture de la convention du Parti démocrate en 2024, il s'est moqué de la visite de Kamala Harris dans une station-service de Pennsylvanie, critiquant la candidate pour s'être présentée devant les caméras avec un paquet de chips : « La campagne de Kamala Harris essaie de la montrer en train de manger des Doritos afin de créer du lien avec des gens normaux comme nous[20]. » Hannity reprochant à Kamala Harris une performance d'authenticité, c'est l'hôpital qui se fout de la charité. Mais l'expression « les gens normaux comme nous » (« *normal folks like us* ») est tout à fait emblématique de son style. Jamais un présentateur de CNN n'oserait parler de cette manière. Pascal Praud joue au même jeu lorsqu'il affiche son passé de journaliste sportif, une expérience qui le distingue de ses confrères et consœurs. Le message ? S'il fait du journalisme politique, il reste un *outsider*. Et comme Sean Hannity, Pascal Praud se positionne régulièrement du côté de ses téléspectateurs. L'animateur de « L'heure des pros » a certainement moins

18. « Forbes profile: Sean Hannity », *Forbes* (en ligne).
19. Reece Peck, *Fox Populism*, *op. cit.*, p. 74. Bill O'Reilly, une ancienne star de Fox News, vient aussi de Long Island.
20. « Sean Hannity: Kamala without a teleprompter is "scary" », Fox News sur YouTube, 20 août 2024.

recours au « nous », mais parle souvent du point de vue des « Français » : les Français pensent ceci, les Français en ont marre de cela, etc.

Le déroulement des émissions joue également un rôle essentiel dans le développement du style populiste. Sur Fox News, les éditorialistes les plus connus sont seuls sur le plateau et parlent directement aux caméras, lisant un script rédigé sur un prompteur. Aux États-Unis, on les appelle les « *talking heads* », littéralement les « têtes qui parlent ». Le format est intime, les téléspectateurs ont l'impression d'être guidés par un expert et un allié politique. Dans ce monde de brutes, rempli de mensonges et d'informations douteuses, les éditorialistes de Fox News représentent une force de stabilité et de tranquillité. Ils disent les choses « comme elles sont ».

CNews privilégie, elle, les débats en plateau. Peu coûteuses, ces émissions sont faciles à produire. La chaîne n'a pas besoin de payer des journalistes ou des caméramans pour faire du reportage. Mais ce format simple a également l'avantage de ressembler à une discussion typique d'un café du coin, comblant ainsi les besoins de centaines de milliers de téléspectateurs solitaires : si la société française se fragmente, la télévision offre aux auditeurs la possibilité de vivre une ambiance collective par procuration. Et comme au PMU, rien n'est tabou. Parfois il y a des excès. Ça gueule. On s'enflamme sur des sujets qu'on ne maîtrise pas. Mais on dit les choses crûment et on les assume. De ce point de vue, une émission comme « L'heure des pros » contraste nettement avec l'offre des médias publics où, en général, les discussions sont soigneusement préparées et les invités sélectionnés en fonction de leur expertise. Cette prédilection pour le conflit verbal se perçoit dans le slogan même de la chaîne : « La liberté d'expression n'a jamais fait autant parler. » Les critiques peuvent se moquer de ce slogan, mais il met en lumière un des éléments clés du succès du média.

*

Évidemment, cette idée d'un espace de débat libre et démocratique n'est qu'un fantasme. Fox News et CNews ne donnent pas la parole à n'importe qui pour raconter n'importe quoi. Ces médias accordent la priorité à des sujets d'actualité et des thématiques qui correspondent à la vision politique de la droite et de l'extrême droite, avec des effets considérables sur le monde politique. Pour reprendre le terme classique de Maxwell McCombs et Donald Shaw, théoriciens des médias, les deux chaînes ont une fonction d'« *agenda-setting*[21] », ou de « mise à l'agenda » : ils signalent aux téléspectateurs quels sujets méritent leur attention et orientent ainsi le débat sociétal.

À la télévision, il n'y a pas de questions innocentes. Lorsqu'une émission de débat se consacre à des questions du type « est-ce que les militants LGBT vont trop loin ? » ou « le wokisme est-il une menace pour la république ? », elle est déjà en train de légitimer un certain point de vue. Chaque minute compte, et si une chaîne décide de mettre quelqu'un à l'antenne, c'est qu'on a envie de l'entendre. Non seulement les questions sont orientées, mais les deux chaînes ont l'habitude de choisir des invités qui se situent majoritairement d'un côté du débat. Alexis Lévrier, spécialiste de l'histoire des médias à l'université de Reims, l'a vécu lui-même à CNews. Entre 2017 et 2021, il intervenait régulièrement sur la chaîne de Bolloré. Après avoir vu le média basculer progressivement à droite, il a fini par refuser les invitations à participer aux débats, ne

21. Maxwell E. McCombs et Donald L. Shaw, «The agenda-setting function of mass media», *The Public Opinion Quarterly*, 1972 (en ligne).

comprenant plus l'utilité de l'exercice. « Ils m'ont fait venir assez régulièrement et j'ai observé de l'intérieur le fonctionnement de ce que je croyais être un média classique, se rappelle-t-il. Au début, il y avait une figure d'extrême droite, puis il y en a eu deux, puis il y en a eu trois, puis à la fin, il y avait cinq figures de droite et d'extrême droite. »

Nicolas Conquer, ex-candidat LR-RN aux législatives en 2024 dans la Manche et porte-parole de Republicans Overseas en France (la branche française du Parti républicain américain), a une image très positive de la chaîne. Ce jeune Franco-Américain se dit en faveur du « pluralisme » médiatique et considère que les médias des services publics penchent à gauche. Mais il reconnaît tout de même qu'il est traité différemment quand il va sur CNews. Alors que cet habitué des débats a l'impression de passer pour la « caution de droite » sur les médias du service public, il me dit qu'il ne se retrouve jamais en infériorité numérique sur la chaîne de Bolloré : « Sur CNews, je n'ai pas de contradiction. Enfin si, des invités plus à droite que moi [...]. Je peux dérouler, je vais être moins coupé, je ne vais pas avoir cinq personnes contre moi. »

Sur Fox News et CNews, même le traitement de *hard news* est orienté. Contrairement à ce que peuvent penser leurs critiques les plus féroces, il ne s'agit pas de transmettre de fausses informations[22]. En revanche, les rédactions des deux médias ont tendance à sélectionner des sujets qui confortent la vision politique de leurs audiences et de leurs directeurs, tout en ignorant d'autres sujets qui n'entrent pas dans leur grille d'analyse.

Au sein de CNews, cette stratégie consistant à privilégier certains sujets est assumée ouvertement. Selon un journaliste

22. Même si, comme l'a montré une série d'articles parus dans Mediapart, les journalistes de CNews manquent parfois de professionnalisme. Voir « Haine et désinformation : CNews vue de l'intérieur», Mediapart, mis à jour le 8 avril 2024 (en ligne).

qui a souhaité rester anonyme parce qu'il a signé un accord de confidentialité, le directeur général de CNews, Serge Nedjar, lui a fait passer le message dès son entretien d'embauche : « Il m'a dit qu'on allait mettre l'accent sur les thèmes de l'insécurité en France. On m'a dit qu'ils traitaient principalement ça et qu'il ne fallait pas discuter quand on nous demanderait de traiter ces sujets-là. » On devine l'ambiance dans la salle de rédaction… « Il me disait : "Quoi qu'il arrive, c'est nous qui prenons les décisions. Toi, tu es là pour appliquer." On sentait qu'il y avait une méfiance. Il l'a répété plusieurs fois : "Ce qui se passe dans la rédaction reste dans la rédaction." C'est une famille, c'est très privé, il n'y a rien à répéter, il a vraiment insisté sur ce point. »

Cette façon de sélectionner l'information en fonction de son utilité politique est pratiquée chez Fox News depuis des années. C'est, en grande partie, la raison pour laquelle les conservateurs américains l'adorent. La chaîne raconte ce qu'ils ont envie d'entendre, avec des têtes rassurantes et des mots familiers.

Tim[23] m'a envoyé un mail en octobre après avoir vu mon appel à témoins sur les réseaux sociaux. Il ne souhaite pas donner son vrai nom pour des raisons évidentes : il n'est pas autorisé à parler à la presse, et il n'a pas envie de subir de représailles. J'ai vérifié son identité et nous nous sommes mis d'accord sur certaines conditions à la publication de son témoignage. Tim travaille dans un des bureaux régionaux de la chaîne de Rupert Murdoch, dont le siège principal se trouve à Manhattan. Il n'a pas choisi de travailler à Fox News par conviction politique, il y travaille parce qu'il cherchait un emploi stable dans ce secteur instable. Il ne compte pas y faire toute sa carrière.

23. Le prénom a été modifié.

Tim se dit sidéré par la couverture de deux sujets pendant la dernière campagne électorale. Le premier : un reportage sur les électeurs d'une grande ville démocrate qui s'apprêtaient à voter pour le Parti républicain. Cette minorité existe, mais Tim et son équipe de journalistes ne parvenaient pas à les repérer pour les interviewer. Toutes les personnes interrogées critiquaient Trump : « Ils donnaient de longues réponses, disant qu'ils n'allaient jamais voter Trump parce qu'il est fou et dangereux. » Pendant trente bonnes minutes, les journalistes ont essayé de trouver des voix pro-Trump, puis ils ont changé de tactique : aux personnes interviewées, ils demandaient « si elles seraient éventuellement ouvertes à l'idée de voter pour un candidat du Parti républicain ». Cette nouvelle approche a provoqué de vagues « oui, peut-être », où se confondaient politiques nationale et locale. Sur le chemin du retour, Tim a surpris la conversation d'un des reporters avec son producteur : « Il disait que ce n'était pas le sujet que New York attendait. Il y aurait un ou deux extraits sonores qu'ils pourraient utiliser si jamais Fox News voulait les diffuser, mais qu'il y aurait un gros travail de montage à faire. »

La seconde expérience l'a laissé plus abasourdi encore. « À ce moment-là, j'avais vraiment honte de travailler pour Fox News », me confie-t-il. Pendant la campagne électorale, Tim a été envoyé à Springfield, cette ville de l'Ohio rendue célèbre par les accusations nauséabondes de Donald Trump qui déclarait lors du seul débat face à Kamala Harris que les migrants haïtiens y mangeaient des chats et des chiens. Tim était chargé de filmer des images pour accompagner la couverture de la supposée invasion migratoire, objet de fascination pour la droite américaine pendant quelques semaines.

Une fois sur place, Tim a assisté à des scènes d'une banalité affligeante. Loin du fantasme trumpiste, Springfield était une ville calme et les images que Tim a filmées sur place reflétaient cette réalité. « Je suis même allé au parc où apparemment [les migrants] auraient pris des canards pour les manger. Il n'y avait personne. Et toute la journée ça a été comme ça. Le soir, j'ai envoyé mes images. » Le lendemain, ces images ont été diffusées à l'antenne, et à ce moment-là sa productrice est venue le voir, verte de rage. « Elle m'a dit : "Il faut qu'on te renvoie là-bas pour avoir des images de migrants." J'étais un peu sur la défensive. J'ai répondu : "Attends, je viens de passer toute la journée sur place. On n'arrête pas de dire qu'ils sont partout, mais je ne les ai même pas trouvés !" Apparemment, il venait d'y avoir une grande réunion éditoriale où les boss disaient qu'il fallait montrer des images des scènes décrites par Trump. On était incapable de faire ça parce que ça n'existait pas. J'ai filmé un centre commercial où on voyait passer des personnes non blanches, c'est le mieux que j'ai pu faire. »

En revanche, les micros-trottoirs filmés par Tim à Springfield ont révélé une autre réalité. « Tous les gens avec qui on discutait défendaient les migrants. Ils disaient "oui, il y a eu une arrivée importante [de migrants], mais il n'y a pas plus de crime. Il nous faut plus de main-d'œuvre dans les secteurs où ils travaillent. Il n'y a pas de danger". Je pense qu'on a dû faire quatre ou cinq interviews comme ça, et il y en avait peut-être une où la personne était critique. On a tout envoyé à New York et ils ont annulé le sujet juste avant que l'émission soit diffusée. Ça allait contre le message qu'on transmettait, ça ne correspondait pas à notre public. »

Avant Fox News, Tim a fait du reportage de terrain pour des chaînes locales où il a appris les normes et les codes du métier. « Dans l'actualité locale, le but c'est d'être le plus équitable possible. Si vous ne l'êtes pas, vous allez vous en rendre compte très vite et recevoir des commentaires de gens qui pensent que leur point de vue n'a pas été représenté. Respecter l'équilibre des points de vue, c'est vraiment les bases du métier. » Faire du reportage à Fox News, c'est une autre paire de manches. « Je l'ai vu à Fox. Dans leurs interviews, [les journalistes] s'interdisent de poser certaines questions, car ils savent que la réponse pourrait profiter aux démocrates et que leurs extraits sonores ne seront jamais diffusés. »

Tim décrit une ambiance de travail dépourvue de toute conviction. Si certains de ses collègues assument ouvertement de faire le jeu de Trump et des républicains (ils croient, par exemple, que l'élection de 2020 a été volée), ils sont minoritaires. La majeure partie est plutôt sceptique à l'égard de l'agenda politique de la hiérarchie. Tim lit parfois le dégoût sur le visage de ses collègues pendant leurs directs. « J'en parle avec eux une fois les caméras éteintes. Ils pensent que certaines manipulations sont dégueulasses mais que c'est le prix à payer pour travailler dans une grande chaîne de télévision… Pour la plupart la situation est trop belle pour leur carrière. »

*

Sur Fox News comme sur CNews, les faits divers jouent un rôle essentiel, beaucoup plus que chez leurs concurrents. Cette forme d'information est indissociable du développement de la presse. Aux États-Unis, les faits divers remplissaient les pages des grands journaux new-yorkais qui ont émergé vers la fin du XIXe siècle, captant l'attention des lecteurs issus des classes modestes. C'était la période du « journalisme jaune », synonyme de sensationnalisme. Si les faits divers ont été progressivement abandonnés par les titres comme le *New York Times*, ils continuent à être au cœur des tabloïds, ces journaux de petit format ciblant un lectorat populaire, aux États-Unis comme au Royaume-Uni. Il n'est pas anodin que Rupert Murdoch ait commencé à bâtir son empire dans ce secteur précis des médias, acquérant des quotidiens négligés par les élites culturelles et politiques anglo-américaines. C'est sous son règne que le *New York Post* a publié une des unes les plus célèbres de l'histoire de la presse américaine : « *Headless body in topless bar* » (Un corps sans tête dans un club de strip-tease). Ça sonne évidemment mieux en anglais.

En France, les faits divers ont toujours fasciné les médias en tout genre. Depuis le XIX^e^ siècle, les journaux français dédient des rubriques entières à ce type de récit. Aujourd'hui, les chaînes de télévision nationales demeurent attachées à ces affaires qui pimentent l'actualité parfois plate. Dans son essai *Sur la télévision*, Pierre Bourdieu en a livré une analyse célèbre :

> Le fait divers, c'est cette sorte de denrée élémentaire, rudimentaire, de l'information qui est très importante parce qu'elle intéresse tout le monde sans tirer à conséquence et qu'elle prend du temps, du temps qui pourrait être employé pour dire autre chose. Or le temps est une denrée extrêmement rare à la télévision. Et si l'on emploie des minutes si précieuses pour dire des choses si futiles, c'est que ces choses si futiles sont en fait très importantes dans la mesure où elles cachent des choses précieuses[24].

Les faits divers ne sont jamais vraiment vides de sens. Chez Fox News et CNews, ils sont utilisés à des fins éminemment politiques. Loin d'être une simple forme d'information, ils confortent une vision du monde conservatrice. Tout comme les chroniques d'opinion, les débats et les sujets d'actualité soigneusement sélectionnés selon leur valeur politique, le fait divers est un autre instrument – et non des moindres – de l'*agenda-setting*.

24. Pierre Bourdieu, *Sur la télévision*, Liber-Raisons d'agir, 1996, p. 16-17.

Les faits divers qui vont retenir l'attention des rédactions de Fox News seront toujours rapportés à une des nombreuses guerres culturelles en cours : une lycéenne trans qui gagne un tournoi de lutte libre ; un crime glaçant commis par un immigré sans papiers ; un jeune empêché d'exercer son droit à la prière par un professeur athée… ce n'est pas de l'actualité, ce n'est pas non plus du simple divertissement. CNews joue un jeu similaire. Prenons, par exemple, l'édition du 21 août de « L'heure des pros », dont la première demi-heure était entièrement composée de faits divers : un acte d'antisémitisme filmé dans le métro parisien ; l'utilisation de TikTok en prison ; l'agression d'une femme par un étranger dans l'obligation de quitter le territoire français (OQTF). Comme sur Fox News, les faits divers servent de tremplin pour lancer de « vrais sujets ». Les habitués de la chaîne n'ont même pas besoin de regarder la suite pour savoir ce qui sera dit : la gauche ne prend pas le fléau de l'antisémitisme au sérieux, la justice est trop laxiste, l'immigration est une menace pour l'ordre public.

L'historien des médias Alexis Lévrier rappelle la première une du *Journal du dimanche* publié après l'arrivée de Geoffrey Lejeune à la rédaction en chef : « Nous ne sommes pas des faits divers[25]. » Sur la deuxième page, le journal de Vincent Bolloré avait publié une lettre ouverte au président de la République fustigeant une société française ravagée par la criminalité et parlant d'Enzo, 15 ans, poignardé à mort dans un village normand. Or la photo montrait une marche blanche organisée en hommage à un autre Enzo, celui-ci mort dans un accident de la route dans le Jura. L'erreur était flagrante, mais ces détails étaient presque secondaires : le récit préexistant est plus important que l'actualité traitée. « Cette phrase, “Nous ne

25. Tribune, «Nous ne sommes pas des faits divers», *Le Journal du dimanche*, 8 août 2023, mis à jour le 24 août 2023 (en ligne).

sommes pas des faits divers", c'est un programme politique, c'est un programme médiatique, m'explique Alexis Lévrier. L'idée, c'est que tous les faits divers seront instrumentalisés au service d'une cause : la guerre de civilisations qui se jouerait en France. »

*

Le projet profondément politique de Fox News est une évidence pour tous ceux qui ont suivi les trois dernières décennies de la politique américaine. Plus personne à Washington ne voit la chaîne comme un « média comme les autres », y compris du côté républicain. Et pour de bonnes raisons : une montagne d'articles scientifiques montrent que Rupert Murdoch a réalisé son pari de déplacer le centre de gravité de la politique américaine à droite.

Selon une série d'études, Fox News a favorisé le vote pour les candidats républicains aux élections présidentielles de 2000, 2004 et 2008. Le simple fait de pouvoir visionner ou non la chaîne a été déterminant. Entre 2000 et 2020, selon une autre étude[26], Fox News a boosté le score des candidats républicains au Congrès et aux élections de gouverneurs dans les cinquante États. D'autres travaux de recherche montrent que Fox News a contribué à renforcer les prises de position des représentants républicains lors des votes au Congrès[27].

S'il y a eu une période de naïveté vis-à-vis de la chaîne, elle s'est définitivement achevée sous la présidence de Barack

26. Elliott Ash, Sergio Galletta, Matteo Pinna et Christopher S. Warshaw, « From viewers to voters: Tracing Fox News' impact on American democracy », *Journal of Public Economics*, décembre 2024 (en ligne).
27. Voir Joshua Clinton et Ted Enamorado, « The national news media's effect on Congress: How Fox News affected elites in Congress », *The Journal of Politics*, juillet 2014 (en ligne). Voir aussi Kevin Arceneaux, Martin Johnson, René Lindstädt et Ryan J. Vander Wielen, « The influence of news media on political elites: investigating strategic responsiveness in Congress », *American Journal of Political Science*, janvier 2016 (en ligne).

Obama. Dès son investiture, les éditorialistes de Fox News se sont mis à discréditer le nouveau président, et ils ne se sont pas contentés de vitupérer contre son plan de relance ou sa réforme du système de santé. Tout était permis ou presque. Sur Fox, on « débattait » de la théorie selon laquelle le premier président afro-américain ne serait pas né aux États-Unis. Invité régulièrement à l'antenne de Fox News à l'époque, Donald Trump était un des partisans notoires de cette théorie du complot[28]. Le jeune président était taxé à tour de rôle de « socialiste », de « radical » ou de « musulman ». Obama a fini par être dégoûté par Fox News[29]. Après dix mois à la Maison-Blanche, son directeur de communication a juré publiquement de « traiter [la chaîne] comme un adversaire[30] ». CNews est plus jeune que Fox News et il n'y a pas d'études scientifiques qui permettent à ce jour de mesurer ses répercussions sur le vote. Mais la différence la plus importante est peut-être ailleurs : la chaîne de Vincent Bolloré n'est pas toujours perçue comme l'arme de guerre politique qu'elle est.

Comme le souligne Alexis Lévrier, les investissements de Vincent Bolloré marquent une nouveauté dans le paysage médiatique français. Une rupture par rapport à la tradition des magnats de la presse comme Rodolphe Saadé, Xavier Niel, Daniel Křetínský ou Bernard Arnault. « Ce sont des industriels classiques, dans la tradition ouverte par Bouygues, c'est-à-dire des industriels qui veulent servir leurs intérêts propres, qui sont extérieurs à la presse, et qui dépendent des commandes de l'État. Mais ils n'ont aucun intérêt à être dans l'affrontement. Ils se servent de leurs médias comme un outil

28. Nina Mast, « Flashback: How Fox News promoted Trump's birtherism », *Media Matters for America*, 16 septembre 2016 (en ligne).
29. Alexander Nazaryan, « When Obama went to war on Fox News », *Newsweek*, 5 juillet 2017, mis à jour le 8 novembre 2018 (en ligne).
30. Brian Stelter, « Fox's Volley With Obama Intensifying », *The New York Times*, 11 octobre 2009 (en ligne).

d'influence auprès du pouvoir, comme un outil de négociation avec le pouvoir. »

Première différence, selon Lévrier : à l'image de celui de Murdoch, l'empire de Vincent Bolloré se concentre principalement dans le secteur des médias. Deuxièmement, Bolloré assume une logique de confrontation. Comme son homologue australien, il mène une bataille d'idées et il veut l'emporter. « À l'inverse de ces magnats de la presse qui accompagnaient le pouvoir et qui négociaient avec lui, Vincent Bolloré a choisi de l'affronter au nom d'une croisade qui est très fortement marquée par la religion dans son cas, mais qui est aussi culturelle, politique et sociale, avec une vision du monde extrêmement cohérente. »

Si les cibles de Fox News ont fini par reconnaître la chaîne pour l'adversaire qu'elle était il y a une bonne quinzaine d'années, le positionnement de la gauche et du centre en France vis-à-vis de CNews reste beaucoup plus ambigu. Que ce soit par naïveté, par vanité, ou même parfois par une certaine proximité idéologique, nombreux sont les politiciens de gauche ou du centre qui continuent à alimenter le monstre. Tandis que ce dernier ne cesse de gagner en force…

*

Ancien restaurateur dans l'État de New York, Christopher Weissberg a été député des Français d'Amérique du Nord de 2022 à 2024 sous l'étiquette Renaissance, le parti d'Emmanuel Macron. Convaincu que CNews n'est pas un média comme les autres, il a essayé, en vain, de tirer la sonnette d'alarme à l'intérieur de son parti. Mais aujourd'hui, il ne mâche plus ses mots. « Notre parti est à la botte de CNews. Il n'a aucun recul là-dessus et, franchement, c'est assez pathétique parce qu'on se fait massacrer, on participe en fait à un exercice de propagande qui est fait par une chaîne et par, en gros, le groupe Bolloré. »

Au début de son mandat, Christopher Weissberg a fait plusieurs passages sur les plateaux de CNews. Mais il n'y retourne plus depuis une confrontation houleuse au moment de la grève au *Journal du dimanche*. En direct, le député a affiché son soutien aux journalistes en grève, critiqué la ligne éditoriale de Vincent Bolloré, et questionné l'utilisation des faits divers. Résultat ? Selon lui, il a été « blacklisté ». Lorsque CNews a été « mis en garde » par l'Arcom après que Pascal Praud a demandé à un de ses intervenants s'il y avait un lien possible entre punaises de lit et immigration (le fruit d'un signalement de la part de Weissberg et d'autres députés Renaissance), le député a reçu des messages personnels de la part de l'animateur lui-même. Visiblement, l'éditorialiste n'a pas apprécié un tweet de Weissberg évoquant ses « propos racistes » : « J'ai été alerté par une dizaine de députés de votre camp qui se disaient scandalisés par votre tweet », vitupère-t-il dans un message privé avant d'enchaîner avec une citation de la page Wikipédia sur les punaises de lit. « Elle n'est pas forcément une référence, j'en conviens. De là à expliquer que je suis raciste, il y a un pas que vous avez franchi. »

Devenu porte-parole du groupe Renaissance à l'Assemblée nationale en septembre 2023, Christopher Weissberg a essayé de convaincre ses collègues de la nécessité d'adopter une nouvelle stratégie vis-à-vis de CNews. Sauf que ses tentatives ont été ignorées. « Je leur avais dit que j'étais, en gros, *persona non grata* sur les plateaux de CNews et ils n'en ont absolument rien fait. Ils ont continué d'y aller de façon systématique. Quand j'ai abordé plusieurs fois le sujet pour leur dire qu'il y avait quand même un problème de ligne éditoriale et qu'il fallait à un moment que l'on renverse la situation et que ce soit quand même aussi nous qui donnions nos exigences pour participer au débat, il n'y a jamais eu la moindre volonté de le faire. »

Comment expliquer le positionnement du camp macroniste vis-à-vis de CNews ces dernières années ? D'une part, selon Weissberg, les députés les plus conservateurs ne voient pas où est le problème. Sur CNews, ils parlent directement à leurs électeurs, ou, au moins, à une partie d'entre eux : « Ils trouvent que, de toute manière, les médias sont orientés et que ce n'est pas un problème qu'il y ait CNews d'un côté et France Inter de l'autre. Donc ils mettent quasiment le service public sur un pied d'égalité avec CNews en expliquant que CNews est à la droite ce que France Inter est à la gauche, ce qui est quand même assez consternant. » D'autre part, les députés plus critiques de la chaîne se laissent tenter par la possibilité d'être vus à l'antenne. « D'autres ne sont pas d'accord avec cette ligne et ils continuent d'y aller parce que ça leur permet d'exister. » Pas si facile de refuser une invitation à paraître sur la plus grande chaîne d'actualité de France…

Installé aux États-Unis pendant une douzaine d'années avant de rejoindre l'hémicycle, Weissberg connaît bien le pouvoir de Fox News. Quand je lui demande si ça explique son regard critique sur CNews, il me répond immédiatement : « Bien évidemment. » Mais ce qui l'irrite le plus, c'est la persistance d'une forme de naïveté vis-à-vis de la chaîne. « Moi, je trouve ça presque pire, pour être honnête. Au moins aux États-Unis tout le monde le sait. Ce qui est fou, c'est qu'on est arrivé à un stade où il y a beaucoup de Français qui au fond sont orientés, sans même le savoir. Et je pense que même si ça [évolue], il y a encore une forme de naïveté et de manque de connaissance de leur agenda. »

Éric Dupond-Moretti ne souhaite pas commenter les positions de l'ancien gouvernement ou des députés du bloc macroniste. Mais pour l'ancien ministre de la Justice, il n'y a pas de doute sur sa position vis-à-vis de CNews : « J'ai toujours dit qu'il ne fallait pas y aller, on connaît ma position, c'est clair », me confie-t-il. Il est vrai qu'il n'a pas besoin de notoriété. Mais s'il se désole d'avoir été « copieusement injurié sur cette chaîne pendant les quatre ans » alors qu'il était ministre, sa critique va plus loin : « Je pense que la plupart des journalistes de CNews sont des militants. Donc à partir de ce moment-là, et quand bien même vous feriez une émission dans laquelle vous pourriez exposer vos arguments, ensuite, il y a dix types qui vont commenter ce que vous avez dit et qui vont démolir ce que vous avez dit avec des arguments démagogiques et populistes. Donc il n'y a aucun intérêt pour moi à y aller. » L'ancien garde des Sceaux déplore notamment le traitement de la justice sur CNews. « Il y a une présentation de la justice qui est totalement fait-diversière. L'extrême droite souhaite dire que la justice est laxiste, ce qui est faux, et tous les chiffres le démontrent. Il y a un durcissement des peines et les prisons sont archipleines. Mais l'extrême droite a besoin d'affoler les gens en disant que la justice est laxiste. Moi je pense que cela n'est pas possible. Et quand on vous oppose un fait divers, c'est compliqué d'être sur le terrain de la rationalité. »

Les chiffres de la criminalité et de la délinquance ne correspondent pas à ce tableau d'une « France orange mécanique[31] » dépeint sur les plateaux de CNews. On entend monter insidieusement une petite musique selon laquelle il faudrait remettre en question l'État de droit. Pour Éric Dupont-Moretti, c'est un non-sens absolu. « L'extrême droite a du mal avec

31. L'expression a été popularisée par Laurent Obertone, un écrivain et journaliste, lors de la publication de son ouvrage portant ce titre (Ring, 2013), où il décrit une société française gangrenée par la violence, l'insécurité et la délinquance. Il utilise l'expression pour suggérer que la France serait en proie à une montée de brutalité et de désordre.

l'indépendance de la justice et donc, dès qu'il y a un crime, on vous explique que c'est parce que la justice est laxiste qu'il y a davantage de crimes. Moi, je dis d'abord que la justice n'est pas laxiste, et puis, deuxièmement, quand on veut une justice indépendante, on n'envisage pas une seule seconde que l'exécutif puisse intervenir pour rectifier les peines, pour les modifier, etc. »

Comment expliquer cette divergence d'opinion entre le président de la République et un de ses ministres les plus importants ? Alors qu'Éric Dupond-Moretti parle de « militants d'extrême droite », Emmanuel Macron a fait le choix de garder des rapports cordiaux avec les médias de Vincent Bolloré. En 2023, il a même encouragé ses ministres à continuer à donner des interviews à CNews et au *Journal du dimanche*[32]. Le symbole absolu de cette proximité ? C'est Pascal Praud qui apprend la nouvelle de la dissolution de l'Assemblée nationale en 2024 avant le Premier ministre Gabriel Attal. Selon Éric Dupond-Moretti, cette histoire est « une légende urbaine », et il refuse de commenter les choix du président Macron. Mais selon l'ex-député Christopher Weissberg, la fascination d'Emmanuel Macron pour CNews est intimement liée à sa façon de faire de la politique. Le produit d'une obsession générale pour les médias et d'une volonté de paraître au-dessus de la mêlée. Le président se pense capable de contrôler le récit médiatique national. Et il est entouré, bien sûr, par des conseillers qui l'encouragent à le faire. « Macron, c'est un fou de médias. C'est quelqu'un qui a envie d'avoir des relations directes avec les grands éditorialistes et c'est quelqu'un qui est très influencé parce que c'est son histoire politique. C'est un homme qui, en fait,

32. Ariane Chemin, « Entre Emmanuel Macron et les médias du groupe Bolloré, un tango acrobatique », *Le Monde*, 3 octobre 2023 (en ligne).

n'avait pas un vrai parcours politique et qui a eu une fulgurance incroyable, notamment parce qu'il a réussi par des jeux de triangulation à être très présent dans les médias, en particulier au moment de sa conquête du pouvoir. Donc c'est un homme qui est obsédé par les médias, qui est obsédé par [le fait d']avoir des relations directes avec les grands éditorialistes. Je pense, d'ailleurs, que c'est aussi bien Pascal Praud que des idéalistes plus à gauche. C'est sa manière de fonctionner qui est assez contestable. »

Dans la mythologie grecque, cela s'appelle l'*hubris* : un excès d'orgueil et de confiance en soi. Ceux qui pensent pouvoir tout contrôler se font des illusions. Et la chute est souvent rude. Mais dans le contexte politique français, il suffit de se rappeler une réalité beaucoup plus banale. Pendant que le président essaie de séduire les téléspectateurs de CNews, Vincent Bolloré maintient des liens privilégiés avec d'autres forces politiques. Et contrairement au camp du président, ce sont ses vrais alliés.

*

La meilleure façon de mesurer l'indépendance d'un média, c'est d'observer comment il se comporte en période électorale. Et sur ce point, les bilans de Fox News et de CNews parlent d'eux-mêmes. S'il restait des doutes sur la neutralité de la chaîne de Rupert Murdoch, les élections de 2020 les ont dissipés une bonne fois pour toutes. Pendant quelques semaines, la chaîne s'est comportée comme une branche du Parti républicain – ou plus précisément comme une arme de la campagne de Donald Trump. La plainte pour diffamation déposée par Dominion Voting Systems, fabricant de machines de votes, a révélé à quel point les objectifs politiques de la chaîne ont pris le pas sur la déontologie journalistique.

Après la défaite de Trump, Fox News a consacré des heures à la théorie complotiste avancée par le candidat républicain selon laquelle les machines de Dominion lui auraient « volé » des votes. À l'antenne, on parlait du sujet comme s'il s'agissait d'un sujet d'actualité. Un débat comme un autre. Mais dans le cadre de l'affaire judiciaire, de nombreuses personnalités de Fox News ont révélé qu'elles ne croyaient même pas ce qu'elles racontaient à leurs téléspectateurs. Avant d'évoquer la théorie de machines truquées dans son émission, l'éditorialiste Tucker Carlson a écrit dans un SMS qu'il trouvait l'accusation « dingue[33] ». Questionné sur la même théorie par un avocat de Dominion, Sean Hannity a dit qu'il n'y « croyait pas un seul instant[34] ». Et pourtant, ils ont fait le choix de nourrir cette théorie du complot. Donald Trump en avait besoin et les téléspectateurs avaient envie d'y croire. Chose étonnante, la chaîne de Rupert Murdoch est rapidement passée à autre chose. Pour éviter un procès qui aurait pu faire sortir des détails encore plus gênants dans la presse, Fox News a fini par verser 787 millions de dollars à Dominion mais son influence n'a pas diminué depuis. *Business as usual.*

Chez CNews, dont le patron rêve d'une grande union des droites, les deux derniers cycles électoraux sont également révélateurs. Le ralliement du milliardaire breton derrière Éric Zemmour, chroniqueur et candidat à l'élection présidentielle de 2022, est aujourd'hui bien documenté[35]. Mais deux ans plus tard, la machine s'est remise en marche lors des élections législatives. Selon *Le Monde*, Vincent Bolloré a personnellement encouragé Éric Ciotti, l'ancien chef des LR, à rompre

33. Jeremy Peters et Katie Robertson, « "The whole thing seems insane": new documents on Fox and the election », *The New York Times*, 7 mars 2023 (en ligne).
34. David Folkenflik et Maddy Lauria, « Fox News' Sean Hannity says he knew all along Trump lost the election », *National Public Radio*, 22 décembre 2022 (en ligne).
35. Raphaëlle Bacqué et Ariane Chemin, « Comment Vincent Bolloré mobilise son empire médiatique pour peser sur la présidentielle », *M le Magazine du Monde*, 16 novembre 2021 (en ligne).

avec la position historique de sa famille politique et à soutenir le Rassemblement national[36]. La plupart des éditorialistes et chroniqueurs de son empire médiatique ont ainsi soutenu le parti à la flamme[37]. Deux jours avant le second tour, en pleine période de réserve électorale, le *Journal du dimanche* a même publié un article affirmant que le gouvernement allait suspendre la loi immigration, avant de faire machine arrière après de nombreux démentis. L'auteur de l'article, un certain Alexis Bergeron, n'a aucune existence numérique en dehors de ses articles du *JDD* datant du rachat par Vincent Bolloré en 2023[38]. Que fera la galaxie Bolloré au moment des prochaines élections ?

*

Cette surenchère médiatique aura-t-elle une fin ? Chaque fois qu'on pense atteindre une nouvelle ligne rouge, elle est dépassée. Si le *talk radio* des années 1990 a servi de modèle à Fox News, la chaîne de Rupert Murdoch inspire aujourd'hui une multitude de chaînes payantes qui ont repris ses codes pour en repousser les limites. Sur *Newsmax* et *One America News Network*, par exemple, le filtrage de l'information est toujours plus intense, le ton des chroniqueurs toujours plus combatif, les descriptions des adversaires de gauche toujours plus sombres, et l'absence de déontologie journalistique plus que jamais criante. Sur Internet, les médias conservateurs les

36. Raphaëlle Bacqué, « Comment Éric Ciotti a orchestré avec Vincent Bolloré l'annonce de son ralliement au RN », *Le Monde*, 13 juin 2024 (en ligne); Ariane Chemin et Ivanne Trippenbach, « Législatives 2024 : comment les médias de Vincent Bolloré orchestrent l'alliance du RN et de la droite », *Le Monde*, 16 juin 2024 (en ligne).
37. Hélène Bekmezian, « Sur Europe 1, Cyril Hanouna et ses chroniqueurs s'en prennent à "l'alliance de bric et de broc" du Nouveau Front populaire », *Le Monde*, 17 juin 2024 (en ligne).
38. Yunnes Abzouz, David Perrotin et Ellen Salvi, « Après son faux scoop sur la loi immigration, le *JDD* est visé par une plainte du parti macroniste », Mediapart, 13 juillet 2024 (en ligne).

plus connus ont tous adopté le style populiste de Fox News : *Breitbart*, *Drudge Report*, *The Daily Caller*, *The Gateway Pundit*… : les articles sur ces sites relèvent surtout de l'opinion et les journalistes commettent souvent des erreurs factuelles pour servir leur propos, mais ces erreurs ont finalement peu d'importance, car le but est de vaincre l'adversaire de gauche. La guerre culturelle est à l'œuvre. Avant sa mort en 2012, Andrew Breitbart, le cofondateur du média portant son nom[39], avait déclaré que « la politique est en aval de la culture ». Mais c'est Steve Bannon, un homme d'affaires qui a pris la tête de *Breitbart* avant de devenir le bras droit de Donald Trump en 2016, qui avait formulé une stratégie médiatique encore plus radicale et efficace : selon Bannon, il fallait « inonder la zone de merde[40] ». Traduction : abaisser toujours davantage le niveau et ne pas s'inquiéter de la véracité des contenus. Dans l'espace médiatique fragmenté et polarisé des États-Unis, le travail journalistique plus sérieux est noyé dans la boue… ou dans « la merde ».

En France, l'État dispose encore d'outils pour limiter la casse. Le principe de pluralisme est inscrit dans la loi. La régulation de l'audiovisuel représente une forme de protection. Mais comme le savent tous ceux qui connaissent la trajectoire de Rupert Murdoch, il est important de rester vigilant. Quand l'insécurité économique est en hausse, la confiance dans la politique en baisse, et qu'un milliardaire déploie les médias comme une arme idéologique, les dégâts peuvent être importants et irréversibles.

39. Breitbart News est un site d'information ultraconservateur fondé en 2007. Il est connu pour son ton populiste, pro-Trump, et son opposition aux médias traditionnels.
40. Brian Stelter, « This infamous Steve Bannon quote is key to understanding America's crazy politics », *CNN Business*, 16 novembre 2021 (en ligne).

# Quelle gauche ?

Se promener à Astoria Park en venant de Steinway Street, c'est traverser un des quartiers les plus cosmopolites de toute l'Amérique du Nord. Ici, une boulangerie mexicaine ; là, une épicerie pakistanaise ; plus loin, un *diner* tenu par des enfants d'immigrés grecs, descendants d'une vague migratoire dans les années 1960. Les églises grecques orthodoxes sont voisines de la mosquée Al-Iman, centre de la « Petite-Égypte », micro-quartier composé de commerces gérés par une diaspora du monde arabe, du Maghreb au Levant. Des boucheries halal, des bars LGBT, des bars à chicha, des vendeurs de bagels, des *taquerías*… même pour New York, la diversité culturelle et géographique d'Astoria est impressionnante. Et réjouissante.

Ce quartier du Queens, un des cinq arrondissements de la Grosse Pomme, n'est pas seulement l'un de ceux qui votent le plus à gauche de tous les États-Unis. Depuis quelques années, les résidents d'Astoria ont la particularité d'avoir des élus s'identifiant comme « socialistes » dans quatre institutions[1] : au conseil municipal, dans les deux chambres législatives de l'État et, bien sûr, au Congrès avec Alexandria Ocasio-Cortez, élue pour la première fois à l'âge de 29 ans. Lors d'une visite récente à New York, j'ai rencontré trois jeunes militants de l'organisation qui œuvre à cette transformation politique : les

1. Cole Stangler, « Bienvenue à Astoria, épicentre du socialisme américain », *L'Humanité*, 27 avril 2023 (en ligne).

Socialistes démocrates d'Amérique (DSA, Democratic Socialists of America). Rendez-vous à Astoria Park, un parc municipal avec une vue splendide sur les gratte-ciel de Manhattan, de l'autre côté de l'East-River.

Pendant des années, les DSA formaient un groupe marginal, composé de professeurs d'université et d'intellectuels grisonnants. Après la victoire de Donald Trump en 2016, l'organisation a été inondée de nouvelles recrues. Parmi elles, beaucoup de jeunes dégoûtés par les injustices sociales et agacés par l'état de l'opposition démocrate jugée trop timide, ainsi que des sympathisants de Bernie Sanders. Contre toute attente, ce sénateur indépendant du Vermont et « socialiste » assumé a failli battre Hillary Clinton lors de la primaire démocrate cette même année. En somme, des militants à l'image de mes trois interlocuteurs, Eric Thor, Lizzie Oh et Kaarthika Thakker, qui ont entre 25 et 31 ans au moment de notre rencontre. « Les classes laborieuses [*working people*] méritent mieux, m'explique Lizzie. Il nous faut plus de sécurité économique, plus de justice raciale. En ce moment, nous travaillons sur une campagne pour augmenter les impôts sur les plus riches… New York est une des villes les plus chères au monde. Nos services publics sont de plus en plus privatisés, mais l'État doit s'assurer qu'ils restent universels. »

Si les DSA et leurs 75 000 adhérents comptent des branches un peu partout aux États-Unis, l'organisation est devenue particulièrement importante à New York, menant une série de combats victorieux (une campagne de syndicalisation chez Starbucks, l'opposition à la construction du nouveau QG d'Amazon dans le Queens, l'adoption d'une loi obligeant l'État à construire des infrastructures d'énergie renouvelable entièrement sous contrôle public, etc.). Ces campagnes ont facilité l'élection de candidats « socialistes » sous l'étiquette démocrate. Comme les trois militants me l'expliquent, les campagnes électorales ne sont qu'une extension de leur travail de terrain. Si le but ultime reste la mise en place du socialisme aux États-Unis – un rêve pour le moins ambitieux –, ils comprennent l'importance d'améliorer la vie quotidienne des habitants. « On parle aux électeurs de choses très concrètes », souligne Lizzie Oh.

Dans ce quartier, surnommé par Alexandria Ocasio-Cortez avec un brin d'ironie « la République populaire d'Astoria », les candidats socialistes ont visiblement gagné la confiance des électeurs. Ici, les guerres culturelles des évangéliques paraissent très loin. Dans le Queens, les questions des salaires et du logement priment. « En fin de compte, la situation économique nous réunit », constate Eric Thor. Qu'on soit un jeune diplômé travaillant comme serveur ou un père de famille mexicain employé comme cariste à l'aéroport, il y a de fortes chances qu'on soit locataire, et qu'on ait envie de voir augmenter son salaire dans cette ville de plus en plus chère.

Mais Astoria est aussi un lieu de brassage où l'on s'habitue à l'altérité. Dans ces rues, on croise des gens d'horizons différents, et si on n'aime pas cela, on n'habite généralement pas à Astoria. Les DSA puisent leur force dans ce melting-pot et les militants y contribuent à leur manière. « On essaie de construire des relations avec des gens et on fait partie de la communauté. Ce n'est pas le genre d'endroit où les gens marchent en regardant le trottoir avec leurs écouteurs dans les oreilles, observe Lizzie Oh. Même si on a beaucoup de jeunes qui ne viennent pas d'Astoria, on est très attaché à l'identité du Queens et à l'identité d'Astoria comme quartier populaire. » On ne peut pas s'empêcher de penser à ces quartiers denses et urbains où la gauche française réalise ses meilleurs scores : le nord-est parisien et les villes de la petite couronne, le centre-ville de Marseille, ou bien ces quartiers de Lille, Lyon et Toulouse où classes populaires et classes moyennes se côtoient. Si les électeurs ont des origines différentes, ils sont rassemblés par des valeurs communes et des intérêts partagés.

Alors qu'un crachin typiquement parisien tombe sur New York, nous décidons de nous réfugier dans un café. Pendant que la discussion se prolonge, je reconnais une amie que je n'ai pas vue depuis des années : la directrice, irano-américaine, du syndicat des journalistes de New York. Arrêtée au feu rouge, elle saute de sa voiture pour venir m'embrasser puis court reprendre le volant avant que les gens se mettent à klaxonner. « Tu vois, ça c'est Astoria ! » s'exclame Eric Thor.

*

Une nouvelle génération de responsables politiques démocrates à l'image d'Alexandria Ocasio-Cortez et de Bernie Sanders a émergé ces dernières années. Ils ne sont pas tous « socialistes », ils ne sont pas tous soutenus par les DSA, mais ils ont tourné la page de l'ère Clinton et Obama. Ces démocrates prônent la mise en place d'un véritable État social afin de redistribuer les richesses et assurer l'accès aux soins. Ils préconisent des investissements publics massifs pour combattre le réchauffement climatique. Et ils n'hésitent pas à dénoncer ce qu'ils voient comme des formes de discrimination banalisées par Donald Trump et ses alliés. Ils essaient, avec plus de difficultés, d'influer sur la politique étrangère étatsunienne. S'il ne faut pas surestimer l'influence de cette nouvelle gauche, elle est incontestablement en train de déplacer le centre de gravité du Parti démocrate, quitte à entrer en conflit ouvert avec d'autres démocrates plus fidèles à l'héritage de Clinton et Obama. Et après le fiasco de 2024, ccs conflits ne sont pas près de disparaître.

Pour certains, l'influence exercée par l'aile progressiste a contribué à la défaite de Kamala Harris. Elle aurait encouragé des prises de position en décalage avec l'électeur moyen, notamment sur les questions d'immigration et les droits des personnes transgenres[2]. D'autres l'accusent d'avoir incité le président Biden à poursuivre des politiques trop dispendieuses, nourrissant un taux d'inflation qui se révélera décisif dans la campagne[3]. Les progressistes, eux, renvoient la responsabilité sur les modérés : en essayant de séduire des centristes fantômes, la campagne de Harris aurait tourné le dos à des millions d'électeurs démocrates potentiels. Ce serait encore un manque de clairvoyance des élites, ignorant la frustration ambiante. Les sondages à la sortie des urnes de la dernière élection le montrent : l'électorat du parti se métamorphose et s'affaiblit.

Les États-Unis, ce n'est pas Astoria. En dehors des agglomérations, Kamala Harris a perdu massivement le vote des Américains, dans des proportions inégalées par ses prédécesseurs en 2020 et en 2016[4]. Non seulement la candidate démocrate a perdu le vote des Américains non diplômés (prolongeant une tendance amorcée depuis les années Obama[5]), mais elle a également perdu une part importante du soutien des électeurs à revenus modestes. Alors qu'une étude de NBC montre que si les démocrates ont conservé une légère avance chez les électeurs les plus pauvres (les 11 % des foyers qui gagnent moins de 30 000 dollars par an), les républicains

2. Voir, par exemple : Adam Jentleson, « When will Democrats learn to say no ? », *The New York Times*, 16 novembre 2024 (en ligne) ; Tim Balk, « The Democrat picking a fight with his party over transgender rights », *The New York Times*, 16 novembre 2024 (en ligne) ; Jonathan Cowan, « Democrats, don't fall for the allure of left-wing populism », *The Bulwark*, 15 novembre 2024 (en ligne) ; Matt Yglesias, « A common sense Democrat manifesto », *Slow Boring*, 12 novembre 2024 (newsletter en ligne).

3. Andrew Prokop, « Biden screwed up on inflation – badly », Vox, 18 novembre 2024 (en ligne).

4. Parmi les électeurs de zone rurale, une catégorie qui constitue un cinquième de la population américaine, 64 % ont préféré Trump, selon la chaîne NBC. « Exit Polls », dernière mise à jour le 17 décembre 2024 (en ligne sur NBC News). En 2020, 57 % des électeurs de cette catégorie ont voté pour Trump. En 2016, ils étaient 61 %.

5. 56 % des Américains sans diplôme universitaire ont voté pour le candidat républicain en 2024, selon une étude de NBC News. En 2020, ils étaient 50 %. En 2016, ils étaient 51 %.

ont séduit davantage d'électeurs dont les revenus annuels ne dépassent pas les 50 000 dollars et les 100 000 dollars. En revanche, les démocrates ont capté encore plus de voix parmi les plus aisés…

Franklin Roosevelt doit se retourner dans sa tombe. Si le parti qui a donné naissance au New Deal conserve le soutien des classes populaires et des classes moyennes dans les grandes villes, à New York, Atlanta, Seattle entre autres (et ce n'est pas rien), s'il séduit, également, une part des électeurs habitant les banlieues, ces vastes zones périurbaines qui entourent les villes et qui évoquent, dans l'imaginaire américain, une certaine image de la réussite, il peine terriblement à convaincre partout ailleurs. Les résultats de 2024 dressent un constat accablant et inimaginable il y a encore quelques décennies : en dehors des grandes villes, le parti historique de la classe ouvrière est devenu le parti des diplômés et des riches.

Ces défis, la gauche française y est aussi confrontée. Ils sont au cœur des questionnements politiques des deux côtés de l'Atlantique. Avec quelle coalition électorale faudrait-il avancer ? Sur quelle base programmatique ? Et avec quelle incarnation ? Ces questions ont une importance primordiale dans nos deux pays. Mais aux États-Unis, la gauche doit faire face à un défi supplémentaire : un système politique qui autorise les dons privés à des niveaux astronomiques. Si l'alliance entre Elon Musk et Donald Trump a fait couler beaucoup d'encre, l'influence des grands donateurs joue aussi un rôle essentiel au sein du Parti démocrate. Et ce dans des proportions difficiles à imaginer pour un Français.

*

Dans un café à quelque pas du Capitole, je déjeune avec Alex Lawson, directeur de Social Security Works, une organisation qui prône une augmentation des pensions de retraite. Ce n'est pas une bataille facile à mener à Washington. Au début de notre entretien, avant d'attaquer son bagel, il prononce une phrase qui m'a marqué : « Ce que les Français percevraient comme de la corruption est tout simplement la base de la politique ici. » Il fait ensuite un geste en direction de la sortie du restaurant : « Dans toutes ces maisons par là, derrière toi, il y a des lobbyistes qui travaillent. Les députés du Congrès y passent pour le déjeuner. Les lobbyistes leur font des chèques, et en échange ils leur demandent ceci ou cela. »

Ça pourrait être une caricature, parodique ou dystopique, mais c'est la réalité. En 1976, la Cour suprême a décidé que le plafonnement des dépenses de campagnes électorales était contraire à la Constitution, et plus précisément au premier amendement garantissant la liberté d'expression. En 2010, elle est allée encore plus loin, appliquant la même logique au principe des dons privés. Officiellement, l'État fédéral fixe toujours les plafonds de dons aux candidats, aux partis et aux comités d'action politique. Mais – et c'est un grand « mais » – les donateurs sont autorisés à donner autant d'argent qu'ils le souhaitent à des comités d'action politique « indépendants », à condition que ces derniers ne se coordonnent pas *directement* avec les candidats en question[6]. Jusqu'à présent, la justice américaine a prononcé peu de condamnations pour le non-respect de cette condition. Mieux connus sous le nom de « super PACs », ces groupes d'influence fleurissent.

Selon le site Open Secrets, qui rassemble des données publiques, 15,9 milliards de dollars ont été dépensés pour les

6. Les super PACs ne sont pas autorisés à faire des dons de campagne ni à partager des informations stratégiques avec les équipes de campagne.

campagnes présidentielles et législatives de 2024. Un record[7]. 2,7 milliards viennent directement des fameux super PACs[8], comme celui d'Elon Musk, America PAC. Dans ce paysage peu régulé, le lobbying se développe comme un véritable secteur à part : en 2024, plus de 4 milliards de dollars ont été dépensés en lobbying au niveau fédéral[9]. Plus de 12 000 personnes ont déclaré des activités dans ce domaine. Autrement dit, plus de vingt lobbyistes pour un élu au Congrès. Chaque filière joue le jeu afin de protéger ses intérêts : les assurances, les industries pharmaceutiques, les banques, les industries fossiles, les promoteurs immobiliers, les GAFAM… Naturellement, ce « mur d'argent » représente un défi colossal pour les députés et les sénateurs qui osent s'opposer aux priorités des grandes entreprises. C'est même « le défi le plus important », selon les termes de la députée Delia Ramirez, qui m'a accordé une interview dans son bureau, s'exprimant un franc-parler rare à Washington.

Fille d'immigrés guatémaltèques, cette militante du logement de 41 ans a commencé sa carrière politique à la Chambre des représentants de l'Illinois en 2018 avant d'être élue au Congrès en 2022. Représentant une circonscription populaire dans l'ouest de Chicago, elle se situe clairement à l'aile progressiste du Parti démocrate. Dès son arrivée à Washington, elle a rejoint le « Squad », ce groupe informel de jeunes élus de gauche créé par Alexandria Ocasio-Cortez, Ilhan Omar, Ayanna Pressley et Rashida Tlaib. À l'instar de ces derniers, la députée refuse d'accepter de l'argent versé directement par les entreprises (plus exactement, de dons venant de leurs comités d'action politique). Quand je demande à Delia Ramirez pourquoi elle

7. « Cost of Election (1990-2024) », Open Secrets (en ligne).
8. « Super PACs », Open Secrets (en ligne).
9. « Lobbying Data Summary », Open Secrets (en ligne).

fait de la politique, elle répond sans hésitation : « La première raison, c'est pour assurer une meilleure qualité de vie pour les classes laborieuses [*working families*]. Pour que les gens n'aient pas à choisir entre le logement et l'accès aux soins. Pour que quelqu'un puisse faire des études sans être obligé de prendre trois boulots différents pour les payer. Je pense à mon oncle qui a 70 ans, qui travaille dans un *diner*, qui est sans papiers, et qui continue à travailler parce qu'il a peur de ne pas pouvoir s'occuper de sa femme ou de lui-même. Pour moi, c'est ça qui compte. Et je me demande toujours : que faire pour obtenir des résultats, même dans ce climat chaotique ? »

Avant d'arriver au Congrès, elle a dû surmonter un sacré obstacle : trouver les moyens de financer sa campagne. Une étude d'Open Secrets a révélé que les candidats démocrates élus à la Chambre des représentants en 2018 ont dépensé, en moyenne, plus de 2 millions de dollars chacun[10]. Selon des données publiques, Delia Ramirez a récolté moins de la moitié de cette somme pour sa première campagne victorieuse[11]. Mais, même pour en arriver là, ce fut un défi.

« Vous savez ce que ça voulait dire ? Quarante heures au téléphone chaque semaine ! C'est super-décourageant. Ce qui est frustrant aussi, c'est les gens qui peuvent s'autofinancer, les candidats qui peuvent acheter leurs propres élections. Ils n'ont pas besoin de dire "je vais passer des coups de fil". Eux, ils peuvent se contenter de "je vais juste donner 10 millions de dollars à ma campagne". Moi, ça m'a pris six mois, avec quarante heures de *call* par semaine minimum, pour obtenir 800 000 dollars. Concrètement, j'ai dû appeler des gens que je ne connaissais même pas, en Californie, avec un pitch. J'ai fait 400, 500 *calls* par jour en espérant que dix personnes

10. « State of money in politics: the price of victory is steep », Open Secrets (en ligne).
11. « Illinois District 03 2022 Race: Summary Data », Open Secrets (en ligne).

allaient me répondre, et que trois d'entre elles allaient me donner de l'argent. »

Depuis son arrivée au Congrès, la députée continue à passer des heures entières à solliciter des dons en prévision des prochaines élections. Sinon, impossible de défendre son siège. Il faudra bien sûr gagner contre les républicains aux élections à la Chambre des représentants de novembre 2024, mais, auparavant, penser à financer une campagne pour remporter les primaires face à d'éventuels concurrents démocrates. « Avant de venir au bureau aujourd'hui, j'ai passé trois heures et demie à passer des appels. Vendredi je vais faire la même chose. Et puis je vais le faire encore. Et encore. Et encore. C'est sans fin. »

Cette contrainte quasi permanente de la levée de fonds fait perdre aux députés un temps précieux qu'ils devraient normalement consacrer au travail parlementaire : rédaction de propositions de loi, préparation d'auditions, rendez-vous avec leurs électeurs… bref, le travail pour lequel ils sont élus. Mais cette course à l'argent peut aussi impacter leurs votes au Congrès. « Les députés ici sont souvent très préoccupés par les collectes de fonds, me confie-t-elle. Ce sont toujours les mêmes questions qui reviennent : "Quel sera l'impact si je vote comme j'ai envie de voter ? Et qui ne sera pas content ? Ou bien, s'il y a un donateur qui veut que je fasse ça, quelles seront les conséquences si je le suis ou pas ?" »

Selon Ramirez, qui a placardé une affiche devant l'entrée de son bureau portant le message « Debout contre l'islamophobie et l'antisémitisme », l'incapacité des démocrates au Congrès à se prononcer en faveur d'un cessez-le-feu à Gaza s'expliquerait ainsi. « La raison pour laquelle un grand nombre de mes collègues ne soutiennent pas une résolution de cessez-le-feu, c'est qu'ils ont peur de l'argent qui pourrait être versé à leurs adversaires électoraux. Ils ont peur de se voir imposer une primaire ou de devoir affronter un candidat [bien financé] à l'élection générale. » Avec une douzaine de ses collègues, Ramirez a signé un projet de résolution appelant à un cessez-le-feu « en Israël et en Palestine » le 16 octobre 2023[12]. Alors que cette proposition est en phase avec l'électorat démocrate (sans parler de l'opinion internationale, car l'Assemblée générale de l'ONU s'est prononcée en faveur d'une « trêve humanitaire immédiate[13] » à Gaza dès le 23 octobre 2023), elle va à l'encontre d'un des lobbies les plus influents de Washington sur le plan international : l'American Israel Public Affairs Committee, ou AIPAC. Sur la seule année 2024, cette organisation, qui soutient fermement le gouvernement de Benjamin Netanyahou, a dépensé au moins 38 millions de dollars pour les élections au niveau fédéral[14].

Les craintes évoquées par la députée de Chicago se sont révélées fondées. Quelques semaines après notre interview, deux membres du Squad ayant signé la proposition de résolution appelant à un cessez-le-feu – Jamaal Bowman dans l'État de New York et Cori Bush dans le Missouri – ont été battus aux primaires par des candidats soutenus par l'AIPAC. Leurs défaites n'ont pas qu'une seule cause, évidemment[15]. Mais les sommes en question sont tellement importantes qu'elles n'ont pas pu être sans effet. Dans le cas de Bowman, l'AIPAC a dépensé presque 15 millions de dollars en publicités en faveur de son adversaire George Latimer[16]. Lors d'un meeting de

12. « Calling for an immediate deescalation and cease-fire in Israel and occupied Palestine », projet de résolution à la Chambre des représentants, déposé le 16 octobre 2023 (en ligne sur le site congress.gov).
13. « L'Assemblée générale adopte une résolution sur Gaza appelant à une trêve humanitaire immédiate », *ONU Info*, 27 octobre 2023 (en ligne).
14. « American Israel Public Affairs Cmte: Summary », Open Secrets (en ligne) . Voir aussi « United Democracy Project Outside Spending: Summary », Open Secrets (en ligne).
15. Daniel Marans, « It's not just AIPAC: How Jamaal Bowman alienated voters who once supported him », *HuffPost*, 24 juin 2024 (en ligne).
16. Edward Helmore, « Jamaal Bowman's primary defeat leaves progressives angry at role of Aipac », *The Guardian*, 26 juin 2024 (en ligne).

soutien au candidat malheureux dans le Bronx, quelques jours avant l'élection, le sénateur Bernie Sanders, lui-même régulièrement ciblé par l'AIPAC, avait déclaré que « jamais, dans l'histoire, des groupes d'intérêts puissants n'avaient dépensé autant d'argent pour tenter de vaincre un candidat[17] ».

Malgré ces circonstances difficiles, Delia Ramirez essaie quand même de faire efficacement son travail de députée. Tous les parlementaires disent qu'ils pensent à leurs électeurs, mais cela semble particulièrement vrai dans le cas de cette militante du logement, qui a fait ses armes dans le monde associatif de son Chicago natal. Et cet engagement, m'explique-t-elle, s'est reflété dans son premier slogan de campagne : « *Rooted and ready* [Enracinée et préparée] » : « Il est important pour les gens d'avoir des racines dans les endroits qu'ils représentent et ils doivent être prêts à travailler, prêts à obtenir des résultats. » Si Ramirez connaît bien sa circonscription, qui s'étend de l'ouest de Chicago à la proche banlieue, c'est qu'elle y a grandi. Selon le dernier recensement, la troisième circonscription de l'Illinois comptait plus de locataires que la moyenne états-unienne, et la moitié des résidents se définissent comme « latinos », un résident sur deux parlant une autre langue que l'anglais à la maison[18]. Beaucoup sont originaires du Mexique ou, comme Ramirez, d'Amérique centrale.

Vu la gravité de la situation politique, Delia Ramirez m'explique qu'elle ne se contente pas de ces prises de position au Congrès. Elle veut obtenir des résultats. Et sur ce point elle est plutôt fière de son bilan, même si la majorité républicaine a empêché le passage des propositions démocrates les plus ambitieuses. Dans un contexte de blocage parlementaire,

17. Luke Tress, « Sanders et Ocasio-Cortez critiquent le financement par l'AIPAC du rival de Jamaal Bowman », *The Times of Israël* (New York Jewish Week via JTA), 23 juin 2024 (en ligne).
18. United States Census Bureau, « 118th Congress of the United States: Illinois – Congressional District 3 » (en ligne sur le site census.gov).

elle a tout de même réussi à faire approuver une proposition de loi visant à restaurer les aides boursières pour des vétérans victimes de fraudes, avec une majorité bipartisane[19] : « On ne peut plus se permettre de faire de la rhétorique. Ma mère est aide-soignante, payée au salaire minimum. Il faut obtenir des résultats pour des gens comme ma mère et ses voisins. »

Quand elle travaille à Washington, Ramirez habite en colocation avec une autre jeune députée du Squad, Summer Lee. Afro-américaine et également originaire de la circonscription qu'elle représente (Pittsburgh en Pennsylvanie). « C'est marrant. Avec Summer Lee, nous sommes les plus à gauche des nouveaux députés, mais nous sommes celles qui font approuver des lois. » Pour sa part, la députée de Pittsburgh a fait valider, avec le soutien des républicains, une proposition de loi visant à répertorier et condamner des milliers de puits de gaz et de pétrole abandonnés aux États-Unis[20], une source d'émissions de méthane contribuant au réchauffement climatique. La preuve qu'il n'y a pas de contradiction entre la défense de principes et l'action constructive dans l'arène parlementaire…

Quand je lui demande ce qu'elle pense de l'administration Biden, Delia Ramirez est mitigée : « On ne peut pas nier qu'il y a eu des réalisations importantes. » Elle cite le plafonnement du prix de l'insuline pour les seniors inscrits au système de Medicare, les diverses tentatives pour annuler une partie de la dette étudiante, et les premiers pas vers une décriminalisation du cannabis au niveau fédéral. Elle est plus critique en revanche sur d'autres points, notamment la politique migratoire. Quelques jours avant notre rendez-vous à Washington, le président avait signé un *executive order* pour autoriser les

19. « Congresswoman Ramirez's Bill to Restore Education Benefits for Defrauded Student Veterans Passes the House with Bipartisan Support », communiqué de presse, 30 avril 2024 (en ligne sur le site ramirez.house.gov).
20. Kim Lyons, « U.S. House passes Summer Lee bill to find and deal with abandoned oil and gas wells », *Pennsylvania Capital-Star*, 30 avril 2024 (en ligne).

pouvoirs publics à expulser des migrants à la frontière sud sans même traiter leurs demandes d'asile[21]. Ramirez ne cache pas sa colère : « Alors que dans certains de ses anciens discours il parle de l'importance du droit d'asile. Pourtant, ce même président ose dire lors d'une conférence de presse qu'il va restreindre ce même droit d'asile. C'est tellement incohérent. Et c'est contradictoire avec nos valeurs en tant que démocrates. Pendant la conférence de presse, il y avait des collègues à ses côtés, en train de sourire et d'applaudir, alors que concrètement ces mesures vont empêcher des femmes qui ont été violées dans la jungle du Panama ou de Colombie de demander l'asile. C'est lamentable. »

L'immigration est un sujet personnel pour Delia Ramirez. Sa mère a traversé le Río Grande pour venir aux États-Unis et son mari est dépourvu de titre de séjour. Aujourd'hui, il bénéficie d'un statut spécial promulgué sous Barack Obama qui protège les sans-papiers arrivés aux États-Unis avant l'âge de 16 ans, les autorisant à travailler légalement. Mais l'immigration, c'est aussi, bien évidemment, un sujet qui concerne un grand nombre d'individus résidant sur le sol états-unien : environ 530 000 Américains bénéficient du même statut que le mari de Delia Ramirez[22]. Les immigrés de « deuxième génération » comme la députée se comptent en millions. Tout comme les sans-papiers. Une population que Joe Biden n'a pas vraiment prise en compte. Alors qu'il avait promis une grande réforme du système d'immigration[23], le projet n'a jamais abouti. Au cours de son mandat, il a finalement déçu l'ensemble de l'échiquier politique. À droite, le président

21. Bernd Debusmann Jr, « Biden announces asylum restrictions to "control border" », *BBC News*, 5 juin 2024 (en ligne).
22. April Rubin, « "Our home is here": DACA recipients brace for Trump's return », *Axios*, 15 novembre 2024 (en ligne).
23. Jacob Pramuk, « Joe Biden acknowledges "pain" caused by Obama deportations as he unveils immigration plan », *CNBC*, 11 décembre 2019 (en ligne).

était accusé d'avoir organisé « une invasion de migrants[24] », à gauche, d'avoir renoncé à marquer une rupture avec la politique de Trump.

Quelques mois avant l'élection présidentielle, Delia Ramirez reconnaissait tout de même que le mécontentement vis-à-vis de Biden portait aussi sur d'autres sujets que la seule question de l'immigration. « Les gens ne font plus confiance à l'administration sur l'immigration. Pas plus que sur le pouvoir d'achat. Ou sur d'autres aspects, la santé par exemple. Oui, nous sommes en train de réduire le prix de l'insuline, mais les gens doivent toujours choisir entre le loyer et une visite chez un médecin spécialiste. J'essaie d'expliquer aux gens les enjeux politiques derrière tous ces sujets. Mais je ne peux pas nier leur réalité et le fait qu'ils sont dans la même situation économique qu'il y a trois ans. Et c'est un président qui leur a promis de l'aide. »

Delia Ramirez met le doigt sur un problème qui a coûté la Maison-Blanche aux démocrates. Après quatre ans au pouvoir, les conditions de vie des Américains ne sont pas vraiment améliorées. Le mariage entre l'*establishment* démocrate et la nouvelle gauche n'a pas pu sauver les États-Unis du retour de Donald Trump. Alors que s'est-il passé ? Pourquoi, une fois au pouvoir, cette alliance n'a-t-elle pas réussi à renvoyer Donald Trump dans les oubliettes de l'histoire ?

*

Quand Joe Biden est arrivé à la Maison-Blanche, en janvier 2021, les démocrates avaient pourtant des raisons d'être optimistes. Après l'élection improbable de deux sénateurs

24. « États-Unis : Donald Trump et Joe Biden en visites rivales à la frontière avec le Mexique », *France24*, 29 février 2024 (en ligne).

démocrates en Georgie, ils se sont retrouvés avec une majorité dans les deux chambres du Congrès, leur donnant une marge de manœuvre suffisante pour faire approuver leurs réformes. Le trumpisme semblait alors tomber dans l'obsolescence, surtout après le choc de l'assaut du Capitole. Les démocrates étaient unifiés. La primaire de 2020 avait été tendue – encore une fois, Bernie Sanders a failli remporter la course –, mais l'administration Biden ne semblait pas désireuse de continuer la guerre avec le sénateur du Vermont ou ses alliés. Afin d'apaiser les tensions, les équipes de Biden et de Sanders s'étaient accordées sur une série de propositions communes[25]. Le président semblait comprendre la popularité des idées de Sanders. Mais comment ce fils d'immigrés juifs polonais, longtemps inconnu du grand public, est-il devenu un des politiciens les plus appréciés à gauche ?

S'il s'identifie comme « socialiste », un mot qui a un véritable sens pour lui, Sanders s'inscrit plutôt dans la tradition sociale-démocrate du parti démocrate. Celle de la « guerre contre la pauvreté » des années 1960, ou encore du New Deal de Roosevelt des années 1930. Son programme n'a jamais été révolutionnaire, il appelle à bâtir un État-providence que ses prédécesseurs ont commencé à construire mais n'ont jamais pu terminer : par l'augmentation du salaire minimum et l'instauration de congés payés ; une hausse d'impôts pour les plus riches ; la mise en place d'un système de santé gratuit et universel ; la gratuité de l'inscription dans les universités publiques… « Le message de Bernie est efficace car il est simple », m'explique Ari Rabin-Havt, son ancien conseiller au Sénat et directeur adjoint de sa campagne présidentielle

25. Caitlin Oprysko, « Biden, Sanders unity task forces release policy recommendations », *Politico*, 8 juillet 2020 (en ligne).

en 2020, fin connaisseur de Washington. Avant de rejoindre l'équipe de Sanders en 2017, il a conseillé Harry Reid, sénateur du Nevada et chef du Parti démocrate au Sénat sous Barack Obama. « Bernie vous dit toujours ce qu'il a envie de faire. Quand il veut rendre l'accès à l'enseignement supérieur gratuit, il appelle ça "*College for all*" [l'université pour tous]. En ce qui concerne la santé, il parle de "*Medicare for all*" [l'élargissement du système public de santé aujourd'hui réservé aux seniors]. Il ne déploie pas de messages complexes qui ont été testés avec des groupes de discussion. Non. Il vous dit ce qu'il a envie de faire. »

Comme le savent tous ceux qui l'ont entendu parler au moins deux fois, Bernie Sanders a l'habitude de répéter le même message : il dresse le portrait d'un pays dévasté par l'avidité des grandes entreprises et des ultrariches, et il met en avant ses propositions pour régler la crise. « Il y avait une cohérence extraordinaire dans ses prises de position. Il ne déviait jamais du programme », rappelle Winnie Wong, une ancienne militante du mouvement Occupy Wall Street devenue conseillère de Sanders pendant la campagne de 2020. La tendance du sénateur à suivre systématiquement le même script, jour après jour, meeting après meeting, n'est peut-être pas très amusante pour les journalistes mais elle est très efficace pour communiquer avec les électeurs.

D'un point de vue rhétorique, Sanders a une habitude qui est peu remarquée en France : contrairement à la plupart des politiques états-uniens qui évoquent le sort des « classes moyennes » – cette *middle class* fantasmée et assimilée au rêve américain –, il préfère, lui, parler de « *working class* », terme employé historiquement par les mouvements socialistes et les communistes, l'équivalent de « classe ouvrière » en français. Au-delà de ses connotations historiques, le choix de ce terme est une façon de reconnaître la centralité du travail dans la vie quotidienne. De s'adresser directement aux millions de salariés subissant des conditions de précarité souvent ignorées dans le débat public : les serveurs, les routiers, les manutentionnaires, les infirmières, les aides à domicile, les caissiers, etc. En reconnaissant comme légitime la déception des Américains à propos d'une économie qui ne sert pas leurs intérêts, Bernie Sanders dirige la colère populaire vers une cible claire : la *billionaire class*, littéralement la « classe des milliardaires ». C'est du populisme inclusif. Et comme les meilleurs politiciens, il sait comment faire rêver. « Le récit de Bernie [en 2020], c'était que le monde peut être mieux, explique Ari Rabin-Havt. "Vous n'êtes pas obligé d'accepter le monde tel qu'il est. Et je ne suis pas un politicien qui va vous dire pourquoi vous ne pouvez pas faire des choses. Je vais vous dire pourquoi vous pouvez bien faire les choses." »

Certes, Bernie Sanders a été battu en 2020. Mais si Joe Biden était loin d'être d'accord sur toute la ligne avec les « socialistes », il a tout de même intégré la demande d'un État plus protecteur et plus redistributeur. Cela semblait correspondre à l'esprit du temps : dans l'ère post-Covid, l'État fédéral pouvait être une force positive dans la vie des Américains. Il suffit de regarder le budget du plan de relance, presque trois fois plus important que celui de Barack Obama en 2009 : « Regardez le "plan de sauvetage américain" de Joe Biden, il est dans une autre galaxie », insiste Ari Rabin-Havt. Des chèques allant jusqu'à 1 400 dollars par citoyen, des allocations chômage supplémentaires jusqu'à 300 dollars par semaine, un crédit d'impôt allant jusqu'à 3 600 dollars par enfant… les aides étaient considérables. Et contrairement à Barack Obama, Joe Biden ne perdait pas son temps à convaincre le Parti républicain. Il estimait qu'il fallait parler directement au peuple américain et gagner sa confiance. Les articles de presse de l'époque ne laissent aucun doute : Biden et ses conseillers avaient envie de laisser le souvenir d'une « présidence transformatrice », à l'image de Roosevelt et de Lyndon Johnson[26].

Tout semblait bien parti pour un renouvellement historique. Et pourtant, la présidence Biden s'est soldée par un échec… Ce ne fut pas entièrement la faute de l'ex-sénateur du Delaware. Pendant les présidences de Roosevelt et de Johnson, les démocrates pouvaient compter sur des majorités écrasantes dans les deux chambres. Or, pendant les deux premières années de la présidence Biden, les républicains contrôlaient autant de sièges que les démocrates au Sénat, obligeant la vice-présidente Kamala Harris à départager le scrutin à de nombreuses reprises[27]. Ces conditions rendaient nécessaire l'unité absolue du camp démocrate pour adopter des réformes importantes. Sauf que le parti de Biden comptait dans ses rangs au moins deux sénateurs ouvertement hostiles aux propositions de la Maison-Blanche : Kyrsten Sinema de l'Arizona et Joe Manchin de la Virginie-Occidentale, résolument pro-charbon et particulièrement hostile au programme écologique du président. Puis, lorsque le Parti républicain a arraché une majorité à la Chambre des représentants en 2022, la possibilité de faire des réformes de grande ampleur s'est évaporée. Le parti présidentiel a tout de même réussi à faire approuver un plan d'infrastructures important, appuyé par quelques sénateurs républicains. Et grâce à des manœuvres parlementaires brillamment exécutées par le chef des démocrates au Sénat, Chuck Schumer, la Maison-Blanche a obtenu le passage de l'Inflation Reduction Act (IRA) : ce plan d'investissement de 783 milliards de dollars visant à encourager la transition

26. Mike Allen et Jim VandeHei, « Biden's New Deal: Re-engineering America, quickly », *Axios*, 24 mars 2021 (en ligne).
27. Selon la Constitution américaine, le vice-président est « président » du Sénat. En cas d'égalité sur un vote à la chambre haute, il a le pouvoir de trancher en apportant sa propre voix.

écologique. Cette loi phare de l'administration Biden est considérable, et les nombreuses critiques qu'elle a suscitées en Europe en témoignent (Emmanuel Macron a dénoncé l'IRA comme une forme de protectionnisme qui risquait de « fragmenter l'Occident[28] »).

Mais le paradoxe est que ses effets ne se sont pas encore fait ressentir sur le terrain. J'ai pu le constater lors de ma visite à Weirton, cette ville de Virginie-Occidentale frappée par la désindustrialisation depuis au moins une trentaine d'années. Si l'IRA a rendu possible la construction d'une nouvelle usine de batteries, celle-ci ne tourne pas à plein régime et les salaires proposés ne sont pas au niveau de l'ancienne aciérie qui, elle, reste fermée. Cette incapacité à susciter des changements immédiats jette le discrédit sur les politiques les plus ambitieuses de l'administration Biden. Peu importe si les intentions de regagner la confiance de la *working class* étaient sincères.

La nouvelle approche du syndicalisme en est un parfait exemple. Afin d'être « le président le plus favorable aux syndicats dans l'histoire américaine », Joe Biden a procédé à la nomination de juges favorables aux syndicats à la National Labor Relations Board (NLRB), l'agence fédérale chargée d'organiser les élections professionnelles et d'appliquer le droit du travail américain[29]. Au Congrès, les démocrates ont augmenté le budget de l'agence. Mais ces changements n'ont pas été perceptibles dans l'ensemble du monde du travail. Seul un salarié américain sur dix est syndiqué aujourd'hui, et seulement un sur seize dans le privé. Afin d'encourager une vague de syndicalisation plus importante, il aurait fallu une nouvelle loi (par exemple des mesures pour renforcer les protections

28. Yona Helaoua, « Avant de rencontrer Joe Biden, Emmanuel Macron critique le protectionnisme américain », *France24*, 1er décembre 2022 (en ligne).
29. Lynn Rhnehart, Celine McNicholas et Margaret Poydock, « The Biden board : How President Biden's NLRB appointees are restoring and supporting workers' rights », *Economic Policy Institute*, 1er mai 2024 (en ligne).

des salariés qui veulent créer des syndicats sur leur lieu de travail). Mais cette tâche est devenue impossible en l'absence d'une majorité démocrate solide au Sénat. Rebecca Givan, professeure à l'école de management et des relations au travail de l'université Rutgers, le résume bien : « Officiellement, la politique des États-Unis est d'encourager la négociation collective. Mais, en pratique, [la loi] ne fonctionne pas ainsi. Le type de réforme qui est nécessaire est devenu impossible dans le contexte d'obstruction parlementaire d'aujourd'hui. Par conséquent, l'administration Biden a seulement les moyens de bricoler à la marge. »

En matière de politique antitrust, l'administration Biden a fait plus que bricoler. Son département de la Justice a lancé des procédures historiques contre Apple, Google et Visa[30]. Et il a déclenché une véritable révolution à la Federal Trade Commission (FTC), l'agence qui contrôle les pratiques anticoncurrentielles. Au début de son mandat, le président a nommé à la tête de l'agence Lina Khan, une jeune théoricienne du droit et une critique acerbe des tendances monopolistes des GAFAM. Une nette rupture avec la doctrine du laisser-faire adoptée par des présidents allant de Reagan à Obama. Sous le leadership de Lina Khan, la FTC a bloqué un nombre record de fusions au nom des conséquences néfastes pour les consommateurs. Et l'agence a porté plainte contre Amazon, demandant à la justice de sanctionner l'entreprise pour ses pratiques anticoncurrentielles.

Mais le problème reste le même. Comme avec l'IRA ou la ligne prosyndicale à la NLRB, les effets de ces changements peinent à se faire sentir. Si les lobbyistes et les actionnaires des GAFAM suivent les procès antitrust avec grand intérêt,

30. Jody Godoy, « Biden's DOJ antitrust head to step down », Reuters, 17 décembre 2024 (en ligne).

les enjeux de ces procédures passent au-dessus des têtes de la plupart des Américains. Malgré de belles promesses, ils attendent toujours les fruits de ces batailles menées en leur nom. Où sont les réductions des prix ? Où sont les nouvelles entreprises qui peuvent enfin voir le jour, libérées du joug de Jeff Bezos ? Par ailleurs, David Segal, un lobbyiste de l'entreprise Yelp, pense que l'administration Biden a raté une occasion en or de souligner les impacts négatifs des monopoles sur l'économie : « Biden aurait pu expliquer comment les grands groupes alimentent l'inflation et il aurait pu expliquer pourquoi il voulait s'attaquer à ce problème. En l'absence de ce type de discours, les républicains et les grandes entreprises avaient un boulevard devant eux. Évidemment, ils ont renvoyé la responsabilité aux dépenses publiques. »

Les partisans les plus fidèles de Joe Biden ont l'habitude de citer son fameux plan de relance. Impossible de nier ses conséquences immédiates et directes. Sauf que les mesures les plus importantes étaient temporaires. Les Américains n'ont plus accès aux allocations de chômage supplémentaires ou au crédit d'impôt allant jusqu'à 3 600 dollars par enfant. Des millions de citoyens doivent, de nouveau, rembourser leurs prêts étudiants : « À l'exception de ceux qui souffrent vraiment de dissonance cognitive, les gens sont capables de reconnaître qui est responsable de ces mesures. Le problème c'est qu'un grand nombre de ces mesures ont été retirées », explique Ari Rabin-Havt. Et là, les conséquences étaient tout sauf théoriques. Si l'expansion du fameux crédit d'impôt a permis de diviser par deux le taux de pauvreté infantile, ce dernier a doublé après l'expiration de la mesure. Rien qu'en y pensant, Winnie Wong se met en colère. Elle pense que Biden aurait dû donner la priorité absolue à son prolongement : « Il aurait dû prendre la tête à Joe Manchin et lui dire "je vais te casser le cou si tu ne votes pas pour". »

Trois ans plus tard, les Américains n'avaient pas particulièrement envie de remercier Biden pour des mesures temporaires prises au début de son mandat. Ni pour les nominations au sommet des agences fédérales. Ils avaient en tête leur quotidien : un taux d'inflation qui a dépassé les 9 % en 2022, la difficulté d'obtenir un crédit immobilier ou de trouver un appartement au loyer abordable, le prix exorbitant des soins. Les républicains ne se sont pas fait prier pour taper sur ce pauvre bilan et tirer le portrait des démocrates en « parti des élites culturelles ». À en juger par la recomposition électorale, on ne peut pas dire qu'ils aient tort…

*

Shiva Sarram connaît bien les élites démocrates. Irano-américaine, elle a fait sa carrière à Wall Street (pour de grandes entreprises : la banque Chase, le cabinet d'audit Deloitte, le cabinet de conseil McKinsey…) avant de lancer une ONG qui investit dans l'éducation pour les enfants touchés par les conflits au Moyen-Orient. Aujourd'hui, elle réside dans le Connecticut, plus précisément dans la banlieue huppée de New Canaan, à une heure de train de Manhattan. Elle est experte en levée de fonds depuis 2008, date à laquelle elle a organisé celle pour Barack Obama dans son jardin. Pendant la campagne de 2024, elle a organisé des collectes de fonds dans le Connecticut pour le président Biden et pour Tim Walz, le colistier de Kamala Harris. Selon les données publiques, Shiva Sarram a donné elle-même au moins 30 000 dollars à des candidats démocrates en 2023 et en 2024. Une somme modeste dans le monde des grands donateurs. Son influence est ailleurs : dans son réseau. « Je ne suis pas celle qui va signer les chèques les plus importants, me dit-elle au téléphone. Mais je côtoie certaines de ces personnes. »

Elle me confie que la visite de Joe Biden à Greenwich, une des capitales mondiales des fonds spéculatifs, ne s'est pas très bien passée. À ce gala organisé dans la maison de l'ancien P-DG de Home Depot, une chaîne de magasins de bricolage, le ticket d'entrée minimum était fixé à 1 000 dollars, mais la plupart de donateurs dépassaient largement ce montant. « Quand Biden est venu, ils ont rassemblé 2,6 millions. Il est littéralement venu parler dans un prompteur pendant douze minutes et puis il est parti. Les gens n'étaient pas contents. J'ai même eu un donateur qui a demandé un remboursement. » Une sorte d'événement annonciateur du débat avec Trump, ce naufrage en direct qui a eu lieu quelques semaines plus tard, et qui a fait monter la pression côté démocrate pour trouver un autre candidat avant que Biden ne finisse par jeter l'éponge. « Il y avait des donateurs qui disaient "je ne vais pas signer d'autre chèque si Biden ne se retire pas de la course". Et je veux être très claire, je soutenais cette attitude à 100 %. »

L'optimisme était revenu avec Kamala Harris. Sa campagne axée autour de la défense de la démocratie et des droits des femmes allait sauver la mise. Tout comme ses ouvertures envers des électeurs modérés dégoûtés par les excès de Donald Trump. Comme beaucoup de militants démocrates, les grands donateurs étaient convaincus de la stratégie adoptée par l'ex-vice-présidente. Il suffisait de mettre en lumière les dangers du camp adverse et le pays allait se réveiller. Mais avec du recul, Shiva Sarram le dit sans gêne : « Je pense sincèrement qu'on était dans une bulle, en pensant que les gens s'intéressaient à la Cour suprême, en pensant que les gens en avaient quelque chose à foutre de la Constitution. Finalement, ce qui compte, c'est le prix des œufs. »

Il y avait pourtant des signaux d'alarme. Pendant des mois, Shiva Sarram a craint que le soutien de l'administration Biden envers Israël ne fasse perdre des voix dans le

Michigan, ce *Swing State* doté d'une grande communauté arabo-américaine. Elle se demandait pourquoi les démocrates ne répondaient pas à l'offensive des républicains sur la criminalité et la délinquance. Quand elle s'est déplacée dans la Rust Belt pour faire du porte-à-porte, découvrant la ville natale du président sortant en Pennsylvanie, elle a eu un mauvais pressentiment : « À Scranton, je me suis dit, mon Dieu, on va perdre. Et honte à Joe Biden, il vient de là-bas. On dirait un pays du tiers-monde. »

Finalement, Kamala Harris a remporté le comté dans lequel se trouve Scranton avec trois points d'avance seulement. En revanche, chez Shiva Sarram, dans le Connecticut bourgeois, la victoire de Biden fut beaucoup plus large. C'est tout à fait emblématique de la recomposition de l'électorat démocrate. Pendant des décennies, New Canaan, ville huppée du Connecticut, a voté républicain, fidèle à son identité bourgeoise. Rien de surprenant pour une commune où le revenu annuel médian des foyers se situe autour des 163 000 dollars[31]. Mais tout a changé avec Trump. Aujourd'hui, les résidents préfèrent largement les démocrates. En 2024, Kamala Harris a récolté 56 % des voix, 21 points de plus que le score de Barack Obama lors de sa réélection[32].

Pourquoi Trump répugne-t-il autant ces électeurs ? « Je pense que les gens sont dégoûtés par la façon dont il se comporte, constate Shiva Sarram. New Canaan est une ville très policée. Il y a cette idée que “jamais je ne laisserais mes enfants parler comme ça ou traiter les gens comme ça”. Je pense qu'il y a une forme de honte. C'est un criminel, il a suscité des procédures de destitution deux fois. Il ne représente

31. United States Census Bureau, « QuickFacts: New Canaan CDP, Connecticut », *census.gov* (en ligne).
32. « Connecticut Presidential Election Results », *The New York Times*, dernière mise à jour le 16 décembre 2024 (en ligne).

pas le conservateur typique de New Canaan. » Comme elle me l'explique, ce sont les électeurs inscrits comme « non affiliés » qui ont basculé en faveur des démocrates. Et ce ne sont pas du tout les mêmes électeurs démocrates qu'à Astoria ou dans les quartiers ouest de Chicago. À New Canaan, on gagne facilement des salaires « à six chiffres ». On vit bien. S'il y a un petit centre-ville avec des trottoirs en brique, il est entouré par des forêts où se cachent la plupart des résidences, loin des regards. Même le représentant au Congrès est à l'image de ce coin prospère. Ici, l'élu démocrate n'est pas un militant du logement, ou une serveuse socialiste. Il s'appelle Jim Himes, et c'est un ancien vice-président de Goldman Sachs.

Quand je demande à Shiva Sarram si les grands donateurs ont trop d'influence sur le Parti démocrate, sa réponse me surprend. « À 100 %. La majorité des grands donateurs n'ont pas la moindre putain d'idée [*no fucking clue*] de ce qui se passe sur le terrain. » Elle pense, par ailleurs, que le Comité national démocrate (Democratic National Committee – DNC), l'organisation qui regroupe les partis des différents États, est tout aussi hors-sol. « Clairement, il y a un énorme décalage entre ce qu'on pensait être important et ce qui a réellement compté. » Selon Shiva Sarram, le DNC aurait dû réfléchir à la succession de Joe Biden dès son investiture. Il n'était pas difficile de prévoir que le président le plus vieux de l'histoire américaine n'allait pas rajeunir une fois au pouvoir…

Au-delà de l'influence exercée par les grands donateurs sur les choix stratégiques des campagnes, il y a un problème plus profond. J'hésite à en parler avec Shiva Sarram mais finis par lui poser la question : « À un moment, les grands donateurs ne vont pas adhérer à un projet politique qui risque de remettre en cause leurs privilèges, n'est-ce pas ? Peut-être qu'ils accepteront un certain nombre de mesures sociales – un peu de redistribution, un peu d'interventionnisme – mais seulement jusqu'à un certain point ? Il y a sans doute des lignes rouges, n'est-ce pas ? » « Nous, les démocrates, sommes divisés, me répond-elle. D'un côté le parti de Bernie Sanders, et de l'autre celui des modérés. Et ce sont eux qui financent le parti. Je ne sais pas comment notre grande coalition va parvenir à avancer. Mais en réalité, il me semble qu'il y a plutôt trois partis aux États-Unis. Les démocrates modérés, dont tous ces électeurs "non affiliés" qui sont venus chez nous à cause de l'indécence de Trump, pour défendre la démocratie. Et puis il y a des progressistes qui sont anti-guerre et qui disaient que le prix des œufs était un problème. Et on ne les écoutait pas. Enfin, il y a les trumpistes. Ça va être très intéressant de voir ce qui va se passer maintenant. »

C'est un doux euphémisme. La réponse à cette question pourrait s'avérer déterminante pour l'avenir de l'opposition aux républicains… Il est tout à fait possible que le Parti démocrate survive quelque temps dans sa forme actuelle. Peut-être que cette alliance bancale tiendra. Une coalition fragile qui tolère un peu de redistribution, mais pas trop. Rassemblée par des valeurs communes et la défense des minorités. Incapable de construire une majorité durable à cause d'un Sénat qui réserve deux sièges à chaque État, mais parfois en mesure de remporter l'élection présidentielle. Et peut-être que les républicains continueront, en effet, à dominer en dehors des grandes villes. Peut-être est-ce le destin des États-Unis de rester un pays polarisé dans lequel les électeurs pas trop dégoûtés par la politique se rangent mollement dans leurs deux camps tous les quatre ans.

Je ne peux pas m'empêcher d'envisager un scénario alternatif. Est-il vraiment trop tard pour que les démocrates retrouvent leur puissance d'antan ? Trop tard pour rassembler une coalition plus large, en regagnant la confiance de ces électeurs des classes populaires vivant en dehors des grandes agglomérations, qui votaient à gauche dans un passé pas si lointain ? Ces Américains à revenus modestes qui votent peu, qui ne votent pas, ou qui votent parfois pour les républicains. Bien entendu, ces électeurs ne s'intéressent pas aux appels à protéger une démocratie à bout de souffle. Mais seraient-ils plus réceptifs aux discours des démocrates si leurs candidats ressemblaient davantage à Bernie Sanders ? S'ils reconnaissaient la cruauté *du monde tel qu'il est*, sans langue de bois, et s'ils essayaient de rediriger la colère vers le haut, tout en promettant des avancées concrètes ? Il se trouve que je connais quelqu'un qui essaie justement de suivre cette approche. En Virginie-Occidentale. Oui, encore.

*

Mon ancien colocataire à l'université Troy Miller a grandi dans la ville de Wheeling, à côté de Weirton, dans le cœur de la Rust Belt. Aujourd'hui, il a 34 ans et habite un hameau dans le comté de Jefferson, dans la partie est de l'État, à 110 kilomètres de Washington. Une zone rurale connue pour ses fermes équestres, mais dont on ne sait pas grand-chose d'autre. Loin du brouhaha de la capitale, sur les contreforts des Appalaches. Troy travaille à distance pour une émission de radio et, depuis quelques années, milite au Parti démocrate de Virginie-Occidentale, cette ancienne puissance qui n'est plus que l'ombre d'elle-même. Après de nombreux encouragements des militants locaux, il a décidé de se lancer dans la course pour un siège à la Chambre des délégués, une des deux chambres de l'organe législatif de l'État, qui traite les questions locales. Il savait d'avance que la tâche serait rude dans sa circonscription de 17 000 habitants qui penche nettement à droite. Aux toutes premières élections du 98$^{e}$ district législatif en 2022, il n'y avait même pas de candidat démocrate. Et aux primaires de 2024, il y avait trois fois plus d'électeurs républicains que d'électeurs démocrates. Mais il était enthousiaste à l'idée de relever le défi.

Lorsque j'arrive chez lui, au bout d'une allée cachée dans les collines, c'est d'abord un moment de retrouvailles. On parle de musique. De nos amis en commun. De la vie dans ce coin calme et tranquille. J'admire les collines à l'horizon, un peu hypnotisé par la vue. Puis, à un moment, je me rends compte qu'un énorme fusil est posé sur la table. L'objet est dans un étui, pas reconnaissable à première vue, mais c'est bien un fusil.

« Tu te fous de ma gueule ? C'est une sorte de test pour voir comment je vais réagir ?

– Non, non, c'est pour les renards, je t'assure. »

En effet, Troy et sa femme ont des dizaines de poules. Toutes les semaines, ils vendent des œufs aux commerçants locaux. Se passant la main dans les cheveux, il m'explique que des renards dévorent ces pauvres bêtes, des scènes pas très agréables à voir (et encore moins à nettoyer par la suite). Alors comme plus de 58 % des foyers en Virginie-Occidentale (un des taux les plus élevés aux États-Unis[33]), il a une arme à feu chez lui. Moi-même originaire du Connecticut, j'ai toujours eu du mal à comprendre le délire des armes à feu. J'ai grandi en partant du principe que mes voisins n'avaient pas d'armes à la maison. Et si certains en avaient (c'est le cas d'un foyer sur quatre dans le Connecticut, un des taux les plus bas aux États-Unis), ils n'en parlaient pas. Mais j'accepte cette différence culturelle, une parmi d'autres. Et j'essaie de penser à autre chose.

Le lendemain, j'accompagne Troy pendant un tractage. Plus précisément, il compte distribuer aux électeurs des cartes de

33. Jessica Learish, « Gun map: Ownership by State », *CBS News*, 14 avril 2022 (en ligne).

visite avec son nom et son programme. Sur la route de Ranson, la plus grande commune de la conscription, il m'explique pourquoi il a décidé de faire campagne. Depuis la voiture, on devine facilement la tendance politique du comté : des panneaux « *West Virginia for Trump* » faits maison, des pancartes officielles de la campagne présidentielle, un drapeau américain avec la tête du 45e président et ce message : « *I'LL BE BACK* » (« Je reviendrai »), une des phrases cultes prononcées par le robot assassin dans *Terminator*.

« Les démocrates en Virginie-Occidentale vivent une crise d'identité. Ils ont oublié qui ils étaient, me dit Troy, clope au bec, les yeux fixés sur la route devant lui. Ils sont toujours en train de réagir aux attaques des républicains et parfois ils passent à l'offensive, mais souvent sans but clair. Sans savoir pourquoi ils se battent. C'est la raison pour laquelle on essaie de mettre en avant ce qu'on appelle l'Economic Bill of Rights du XXIe siècle. »

L'Economic Bill of Rights, c'est un peu l'alpha et l'oméga de sa campagne. Une référence à la Déclaration des droits de la Constitution américaine, mais aussi à une proposition de Franklin Roosevelt souvent oubliée. Pendant son discours sur l'état de l'Union en 1944, vers la fin de son dernier mandat, le président démocrate a appelé à la mise en place d'une *deuxième* Déclaration des droits. Des lois pour garantir le droit au logement, à l'éducation, à un salaire juste... un appel passionné à élargir le New Deal et à construire un État-providence à l'américaine. S'inspirant de l'appel de Roosevelt, un historien et un autre militant démocrate ont rédigé une version contemporaine du texte, attirant l'attention de Troy Miller[34]. En 2023, Troy et d'autres ont fini par pousser le Parti

34. Richard Eskow, « In West Virginia, can the left win back "Trump Country"? », *The Nation*, 16 octobre 2023 (en ligne).

démocrate de Virginie-Occidentale à adopter la déclaration en tant que résolution officielle. Il s'y réfère régulièrement dans sa propre campagne.

Avec l'Economic Bill of Rights, le Parti démocrate fait le pari d'encourager ses militants à parler de sujets universels. À faire savoir aux électeurs des classes populaires qu'ils se battent pour leurs intérêts. « Chacun de ces droits va très loin. On veut que tout le monde ait droit à un salaire digne, à la possibilité d'adhérer à un syndicat. À un logement à un prix abordable. À l'éducation, à l'accès à Internet, à un environnement sain. » Si le programme se veut rassembleur, Troy ne se prive pas de nommer clairement ses adversaires. À la Bernie Sanders. « Pour moi, il y a quelque chose de l'ordre du “eux” contre “nous”, me dit-il. On peut les appeler comme on veut : les “royalistes économiques” [encore un terme employé par Roosevelt], les “oligarques”, la “classe *corporate*”, les “riches”, enfin tous ceux qui ont droit à plus de liberté d'expression que nous, parce que la Cour suprême considère que l'argent est une forme d'expression. Si vous n'avez pas les moyens d'assister à une collecte de fonds qui coûte 1 000 dollars par tête, vous êtes probablement dans notre camp. »

Il n'empêche que Troy doit convaincre un électorat aujourd'hui plus religieux et plus conservateur que dans les grandes villes. Certains à gauche ont du mal à accepter cette réalité, mais c'est un fait. Alors que faire ? Troy ne fait aucune concession sur le droit à l'avortement ou la défense des personnes LGBT. Ce sont des principes non négociables et, de toute façon, les plus hostiles ne seront jamais convaincus. Mais, à l'écouter, ce ne sont pas les premiers sujets évoqués lors de ses échanges avec les électeurs. L'immigration ? Il n'en parle pas de la même manière que Delia Ramirez, car c'est le gouvernement fédéral qui est chargé de cette question, et puis il y a peu de Latinos dans sa circonscription. Cependant, quand le sujet se présente, il ne fait aucun compromis avec les trumpistes : « Nous sommes pro-immigration. En Virginie-Occidentale, en particulier, ce serait génial d'avoir plus de main-d'œuvre. Dans la région de l'*upstate* New York [la partie nord de l'État], ils ont bénéficié énormément de l'immigration. Mais il faut qu'on soit capable de parler de ce sujet avec nos propres mots, au lieu de réagir à ce que fait l'autre camp. Le problème c'est que quand eux disent “il y a un problème, nous avons une solution”, nous, on n'a juste absolument rien à dire. Il faudrait qu'on réponde : “Le vrai problème, ce sont les employeurs qui utilisent leur poids politique pour obtenir des titres de séjour pour leurs propres salariés et qui font en sorte que les autres n'en bénéficient pas.” Si on n'est pas capable de rediriger la colère des gens, on passe pour des bouffons. »

Troy n'est ni essayiste ni sociologue. Il n'est pas là pour disséquer les sombres racines du trumpisme, ou pour faire un cours d'histoire sur l'esclavage, la ségrégation et le nativisme. Il fait de la politique, et son but est de convaincre. « Lorsque Donald Trump dit qu'il veut construire un mur et expulser des immigrés, il faut reconnaître que cette proposition est raciste et xénophobe. Mais est-ce que notre réponse aux électeurs républicains c'est de dire “vous êtes des racistes” ? Ou, encore une fois, est-ce qu'on redirige la colère ? En disant “vous savez quoi, le vrai problème c'est que nous avons une économie qui dévalorise les salaires et le travail pour tous. Si les immigrés viennent ici, c'est qu'ils cherchent une meilleure vie. Et ils sont exploités par leurs employeurs aussi”. »

En réalité, il y a qu'un seul sujet sur lequel Troy Miller assume une position qui tranche nettement avec la plupart des démocrates, y compris les plus centristes : le contrôle des armes à feu. « Je ne suis pas là pour prendre les armes des gens. Moi-même, j'ai un fusil… et les gens ici ne m'apprécieraient pas si je disais que j'étais anti-armes. » Il n'a pas répondu à un questionnaire envoyé par la National Rifle Association (NRA), le grand lobby *pro-gun* qu'il décrit comme « une organisation de merde qui ne fait que gonfler les bénéfices des producteurs » et qui a fini par soutenir son adversaire républicain. Mais Troy n'a pas non plus envie de proposer de nouvelles restrictions. Selon lui, il n'y a aucune chance qu'une telle loi soit approuvée ici. À quoi bon cliver sur ce sujet ? Ce calcul pourrait ne pas plaire aux démocrates de New York et de Chicago, mais ces derniers ne font pas campagne dans des États où sept électeurs sur dix soutiennent Trump.

Troy Miller fait tout pour avoir l'air de quelqu'un de normal. Loin de la caricature, il veut incarner une gauche à l'écoute. Une gauche de bon sens. Une gauche sans prétention. Notre sortie commence bien. Devant le bureau de poste, Troy échange avec un électeur, grosse barbe et casquette sur la tête, qui lui parle d'éducation. À aucun moment son interlocuteur ne lui demande son parti politique et Troy ne se sent pas obligé de le préciser. Puis l'homme remonte dans son pick-up. Un échange réussi. Afin de rencontrer plus de monde, nous partons à l'hypermarché de Ranson, situé dans un grand centre commercial avec un énorme parking.

C'est là que les problèmes commencent. Peu après notre arrivée, Troy se présente à une dame d'une cinquantaine d'années. Elle accepte sa carte de visite et commence à lire par politesse avant de lui poser la seule question qui semble compter : « Vous êtes de quel parti ? » Déçue par sa réponse, elle réplique sèchement : « Je suis *pro-life*, désolée. » Traduction : elle est anti-avortement, pas de discussion possible. Quelques minutes plus tard, la même scène se répète, avec encore plus de rudesse. Lorsque l'interlocutrice de Troy apprend qu'il est démocrate, elle le regarde droit dans les yeux et, sur un ton glacial, comme si elle parlait au diable lui-même, prononce les mots suivants : « Je suis contre l'esclavage des enfants. » Puis elle se dirige calmement vers l'entrée de l'hypermarché. Troy me lance un regard de stupéfaction. Je serre les dents mais je ne peux pas m'empêcher d'éclater de rire.

Quelques minutes plus tard, la manageuse de l'hypermarché sort pour nous réprimander. « Il faut partir tout de suite. Sinon je vais appeler les flics. Ceci est une propriété privée. » D'un point de vue juridique, l'argument est plus que contestable. Mais il vaut mieux éviter un procès. Troy acquiesce, il s'excuse et nous rentrons dans sa voiture. Sur le chemin de la maison, submergé par l'océan de bagnoles, il fait le bilan : « Bon, ce sera impossible de convaincre des gens comme ça de voter pour moi. Mais la question est : y a-t-il assez d'électeurs qui ne sont pas comme les gens que nous venons de croiser ? »

Il est sûr que la géographie ne joue pas non plus en sa faveur. À Astoria, on croise des gens dans la rue. Ça brasse. Ça discute. À Ranson, les gens passent un temps considérable dans leurs voitures, limitant leurs échanges à des sourires dans des lieux de consommation. Il y a des trottoirs qui longent les grandes routes, mais, comme dans beaucoup de villes américaines de cette taille, une sorte de règle non dite les réserve aux marginaux : les personnes sans domicile fixe, les plus pauvres, les immigrés sans papiers qui n'ont pas le permis de conduire. Pas évident de parler de « biens communs » ou de « l'action collective » dans des espaces conçus précisément pour limiter le nombre d'échanges spontanés entre habitants.

De toute façon, Troy est convaincu de l'utilité de cette campagne, même s'il perd. Deux ans auparavant, sans candidat démocrate, les électeurs n'ont même pas entendu de message alternatif et, dans le contexte actuel, il estime que c'est profondément dangereux. « Ne pas faire campagne, c'est laisser la voie aux fascistes », m'explique Troy pendant le trajet retour. Il commence à critiquer le Parti démocrate national qui préfère apporter son soutien financier aux régions où les candidats ont une chance de l'emporter : « Le Parti démocrate a plus ou moins arrêté d'investir dans des endroits comme la Virginie-Occidentale ou la partie est du Kentucky. Quand ils décident de mettre de l'argent dans ces endroits, c'est pour soutenir quelques candidats au lieu d'écouter les gens sur le terrain, ça crée un cercle vicieux. Comme ils n'y investissent pas, ces endroits deviennent de plus en plus "rouges", alors ils vont dire "ben voilà on ne peut pas gagner", et ils investissent encore moins. » L'approche de Troy se veut inverse : c'est justement parce que les républicains dominent ces terres qu'il « faut se présenter ». Perturber la banalisation de leurs idées, montrer qu'un autre chemin est possible.

Noble combat… mais en fin de compte, il n'y a pas eu de surprise. Quelques mois plus tard, Troy Miller a fini par perdre l'élection avec 34 % des voix. Six points de plus que le score de Kamala Harris en Virginie-Occidentale. La nuit du scrutin, il m'a envoyé par message la chanson du groupe de rock Phish intitulée « Ass Handed ». Une expression un peu vulgaire qu'on pourrait traduire par « se prendre une branlée ». Mais il n'a pas tardé à m'offrir une analyse plus sobre. Selon lui, sa défaite s'explique surtout par la popularité de Donald Trump et par la tendance des électeurs de Trump à voter pour d'autres républicains. On ne vote plus pour des candidats, on vote pour des partis. Et dans ce climat difficile, Troy n'a pas de regrets. Il a réussi à grappiller quelques voix par rapport à d'autres candidats démocrates. Il est fier de s'être battu. Mais il demeure un constat qui fait plus mal que d'autres : « L'image du Parti démocrate est devenue absolument toxique, particulièrement dans des zones rurales. » Et ce problème-là ne se réglera pas en un seul cycle électoral. Ce sera un travail de longue haleine.

# Retour aux sources

Il y a trois ans, Casey Moore a décroché un boulot chez Starbucks, dans la banlieue de Buffalo. Pas exactement le rêve pour cette femme qui a aujourd'hui 27 ans, originaire du Delaware. Mais tout à fait emblématique de la nouvelle économie de cet ancien hub industriel, à quelques pas des chutes du Niagara. Aujourd'hui, c'est le secteur tertiaire qui domine : le commerce, les transports, la logistique, l'administration, les soins, la restauration… une pléiade de jobs mal rémunérés et souvent temporaires. « C'était le pire boulot de ma vie », se souvient-elle en lâchant un rire nerveux, lorsqu'on se rencontre à Manhattan. « Quand les gens pensent à Starbucks, ils se disent peut-être "ah oui, ça doit être facile, il faut juste verser du café dans des gobelets", mais, en fait, non. C'est comme du travail à la chaîne : il faut travailler vite, en enchaînant les mêmes gestes. Il faut faire des boissons constamment. » Elle a fini par développer un syndrome du canal carpien, ce trouble musculo-squelettique lié au travail répétitif.

C'était un poste à temps plein mais très précaire, avec, dans le langage de Starbucks, des horaires « flexibles ». Le manager envoyait les plannings hebdomadaires avec seulement une semaine d'avance et les jours de travail changeaient régulièrement. Parfois Casey faisait 30 heures par semaine. Parfois 40 heures. La seule constante : elle travaillait le matin, en général, entre 5 h 30 et 13 heures. Le tout pour un salaire de

15,75 dollars de l'heure. Quand elle avait la chance de pouvoir travailler 40 heures par semaine (une semaine de travail complète aux États-Unis), son salaire mensuel n'était que deux fois plus élevé que le loyer mensuel moyen à Buffalo…

Casey Moore n'était pas chez Starbucks pour l'argent. Depuis son premier jour, elle avait un autre objectif en tête : elle voulait créer un syndicat. Elle y pense depuis la fin de ses études. Casey a débuté sa carrière dans un organisme public censé combattre la pauvreté à Philadelphie – en télétravail en pleine crise Covid pour un salaire modeste –, mais elle a trouvé l'expérience aliénante. « Je lisais beaucoup : Howard Zinn, Noam Chomsky. » Elle réfléchissait au parcours de son père, un prof de sport qui avait été licencié du jour au lendemain après vingt ans de service dans une école privée, mais qui a pu connaître de meilleures conditions dans le secteur public, grâce à un syndicat fort. « Et je me disais : le moyen de changer ce pays, c'est l'action collective et l'organisation des travailleurs. J'ai envie de faire ça. »

Un jour, alors qu'elle parcourt un site où les organisations syndicales publient des annonces d'emploi, elle décide d'envoyer son CV à un petit syndicat qui propose de former des militants dans la région de Buffalo. C'est pendant son deuxième entretien qu'elle apprend la véritable raison de son recrutement par Workers United : ils voulaient qu'elle se fasse embaucher directement par Starbucks et qu'elle lance une organisation syndicale de l'intérieur. Aux États-Unis, c'est ce qu'on appelle le *salting*, une vieille stratégie conçue pour faire face à l'hostilité généralisée des employeurs envers les syndicats. Cela peut faire penser aux « établis » en France, ces militants qui ont investi les usines dans les années 1960 et 1970 dans le but de préparer la révolution à venir. La comparaison s'arrête là : l'objectif des *salts* américains est beaucoup plus modeste. Il s'agit de créer un syndicat capable de négocier avec l'employeur. De construire, petit à petit, une majorité en mesure d'emporter une élection supervisée par le gouvernement fédéral, sans que l'employeur ait le temps de mener une contre-offensive efficace. Au moment de son entretien, Starbucks ne comptait pas une seule section syndicale sur le sol américain. Il s'agissait donc d'une mission extrêmement ambitieuse. « Ça avait l'air super cool, et je voulais en faire partie », explique-t-elle avec un sourire.

Finalement, Casey et ses collègues ont réussi à faire l'histoire. En décembre 2021, deux établissements Starbucks dans la région de Buffalo ont voté pour la création d'une organisation syndicale[1]. Ce fut le fruit de longues discussions entre collègues, portant sur les salaires et les conditions de travail, mais pas seulement. « Les collègues ne disaient pas "je déteste mon job, c'est le pire job de ma vie". C'était plutôt "voici une entreprise qui gagne des milliards de dollars et se vante de ses bénéfices en pleine pandémie. Et ils n'ont pas partagé ces bénéfices avec nous". »

Selon Casey, le profil des employés de Starbucks a joué en faveur de la création du syndicat. « En général, les gens qui travaillent chez Starbucks sont plutôt progressistes, plutôt jeunes, et plutôt favorables aux syndicats. » Elle rappelle que cette campagne a débuté un an après Black Lives Matter, ce mouvement de protestation contre les violences policières et le racisme, qui a été fondateur pour sa génération. « Les gens qui étaient descendus dans la rue pour Black Lives Matter se sont dit : "Maintenant, je comprends le concept d'oppression. En fait, il se passe la même chose sur mon lieu de travail. Et j'ai l'occasion d'agir très concrètement. Je peux améliorer les conditions de travail, non seulement pour moi, mais pour mes collègues aussi." »

1. Noam Scheiber, «Union wins election at a second Buffalo-area Starbucks», *The New York Times*, 10 janvier 2022 (en ligne).

Casey n'oubliera jamais ce qui s'est passé quelques semaines avant le vote. Starbucks a décidé d'envoyer son ex-patron Howard Schultz à Buffalo pour encourager les salariés à voter « non », faisant fi de leur appel à rester neutre et ne pas interférer avec leur choix. Lors d'une réunion obligatoire organisée par l'entreprise, le milliardaire s'est lancé dans un long monologue, insistant sur la « famille » Starbucks. « Puis, à un moment, Gianna Reeve, une collègue dont le père était syndicaliste dans l'automobile, s'est levée et l'a interpellé directement. Elle lui a demandé de signer une "charte de non-ingérence". Il est parti en courant », se souvient Casey. « C'était incroyable de s'opposer au patron de cette manière. Ce petit groupe d'outsiders, ce petit syndicat, ce petit groupe de baristas a affronté cette entreprise multi-milliardaire qui possède l'argent, le pouvoir, et l'influence. Enfin, les travailleurs de l'entreprise disaient "on ne va pas vous laisser faire". »

Dans les mois qui ont suivi, d'autres salariés de Starbucks leur ont emboîté le pas. Aujourd'hui, le syndicat compte dans ses rangs plus de 11 000 salariés disséminés dans plus de 500 établissements différents. À la grande joie de Casey, qui travaille actuellement à Buffalo pour Workers United en tant qu'*organizer*, une militante à temps plein qui se concentre sur le développement de campagnes de syndicalisation dans d'autres entreprises. « Je n'ai pas envie d'exagérer, mais c'est plus ou moins la seule raison pour laquelle je ne cède pas au désespoir. J'ai l'impression que pour la majorité des Américains les dés sont pipés : les milliardaires contrôlent le système politique, le monde du travail et les médias. Je n'ai pas envie de passer pour une complotiste, mais ce sont des faits. La seule chose que nous pouvons faire, c'est de nous organiser nous-mêmes. »

*

Et si finalement le syndicalisme arrivait à changer la donne ? À assurer une meilleure répartition des richesses ? À transmettre une autre vision du monde que celle que l'on retrouve sur Fox News ou dans les podcasts de Joe Rogan ? À retisser des liens entre des classes populaires isolées et atomisées ? À transformer le paysage politique ?

L'hypothèse n'est peut-être pas si farfelue. Si les syndicats américains sont loin d'être à leur apogée, ils sont en pleine renaissance. Starbucks est le cas le plus emblématique. Ces dernières années, on a vu une série de campagnes de syndicalisation victorieuses dans des entreprises ou dans des secteurs de l'économie américaine notoirement hostiles à la présence de syndicats. Chez Amazon, plus de 2 500 salariés d'un entrepôt à New York ont voté pour la création du premier syndicat de l'histoire de ce géant de la logistique aux États-Unis. En 2024, 2 600 salariés d'une usine Volkswagen dans le Tennessee, une première pour les travailleurs de l'automobile dans un État du Sud[2]. Sans oublier les employés des magasins de sport REI, du supermarché Trader Joe's, ou de l'enseigne de librairies Barnes & Noble[3]. Selon le National Labor Relations Board, l'agence fédérale qui s'occupe des élections syndicales, le nombre de pétitions annuelles demandant la création d'un syndicat a doublé entre 2021 et 2024[4]. Au même moment, des grèves organisées par des syndicats ont mis le syndicalisme au cœur du débat public[5]. Les chiffres sont impressionnants : à Hollywood, 160 000 acteurs et 11 000 scénaristes ; dans l'automobile, 50 000 travailleurs

2. Arnaud Leparmentier, «Percée historique du grand syndicat automobile américain UAW dans le sud des États-Unis», *Le Monde*, 21 avril 2024 (en ligne).
3. Dave Jamieson, «New unions have won historic elections. Winning first contracts is even harder», *HuffPost*, 2 décembre 2023 (en ligne).
4. « Union petitions filed with nlrb double since FY 2021, Up 27% since FY 2023», Communiqué de presse de la NLRB, 14 octobre 2024 (en ligne sur le site de la NLRB).
5. Drew Desilver, «2023 saw some of the biggest, hardest-fought labor disputes in recent decades», *Pew Research Center*, 4 janvier 2024 (en ligne).

(Ford, Stellantis, General Motors et Mack Trucks) ; dans le groupe hospitalier Kaiser Permanente, 75 000 salariés ; 33 000 employés chez Boeing[6] ; 45 000 dockers de la côte est et du golfe du Mexique[7]…

Ce mouvement a contribué à une transformation surprenante de l'opinion publique. Selon le dernier sondage annuel de l'institut Gallup[8], 70 % des Américains disent « approuver » les syndicats. Soit 22 % de plus qu'en 2009, un niveau jamais atteint depuis les années 1960. D'après une autre étude récente, six Américains sur dix disent qu'ils « soutiendraient des campagnes de syndicalisation sur leur propre lieu de travail[9] ». Une évolution remarquable dans un contexte où les Américains sont peu nombreux à adhérer à un syndicat.

*

Chris Townsend croit profondément dans le renouveau du syndicalisme. Ce militant de 63 ans, qui a dédié sa vie au mouvement social, pense qu'il faut rester lucide. Plutôt que d'une « vague », il préfère parler de « petites flammes et de braises que nous n'avons pas vues depuis des décennies ». Si rien n'assure que ce regain d'intérêt s'inscrira dans la durée, il ne voit pas d'autre remède pour soigner les nombreux maux du pays.

Nous sommes à Alexandria, une banlieue de Washington où il vit depuis des années. Nous déjeunons à l'International House of Pancakes, un *diner* qui propose des petits déjeuners

6. « Boeing : les ouvriers en grève acceptent un accord salarial et mettent fin à sept semaines de mouvement social », *Le Monde*, 5 novembre 2024 (en ligne).
7. « Aux États-Unis, la grève des dockers de la côte Est et du golfe du Mexique prend fin », *Le Monde*, 4 octobre 2024 (en ligne).
8. « Labor Unions », sondage annuel de Gallup (en ligne sur news.gallup.com).
9. Eric Rosenbaum, « The Amazon, Starbucks, Apple union push is capturing what a majority of all American workers now say they want », *CNBC*, 2 juin 2022 (en ligne).

toute la journée. Chris l'appelle son « bureau ». Car s'il est officiellement à la retraite, il a du mal à lâcher, malgré deux infarctus et la perte de vision de l'œil droit. Aujourd'hui, il continue à donner des conseils à de jeunes travailleurs qui veulent se syndiquer. Avec son ami Richard Bensinger, il organise des journées de formation sur les principes du *salting*, développant un réseau d'infiltrés considérable chez Amazon, Starbucks et ailleurs. C'est l'étape la plus récente de sa longue carrière. Ancien éboueur, il a gravi les échelons pour devenir directeur politique du syndicat des United Electrical Workers puis responsable du pôle syndicalisation à l'Amalgamated Transit Union, le premier syndicat des transports publics aux États-Unis et au Canada. Chris n'a pas de diplôme universitaire. C'est un intellectuel autodidacte. Et fier de l'être.

Cet après-midi, il commande du *scrapple*, un mélange de farine et de morceaux de porc frit qui lui rappelle sa Pennsylvanie natale. « Vous n'avez pas ça en France ! » me dit-il en rigolant. (Ni dans le Connecticut.) Et puis il se lance. « Il n'y a jamais eu une classe dirigeante aussi riche dans l'histoire de la planète. Les Romains seraient en train de rougir s'ils voyaient ce qui se passe ici. Tu sais, quand j'ai déménagé à Alexandria il y a trente-cinq ans, on comptait le nombre de millionnaires. Maintenant on compte le nombre de milliardaires, et on ne sait jamais vraiment combien ils sont, parce qu'ils se cachent ! Bref, je regarde tout ça, et je me dis : que faire pour freiner cette dérive vers une forme de dictature généralisée ? Le mouvement syndical existe. Oui, il y a des ONG, des assos, parfois les gens se battent ici et là, et c'est très bien. Mais ce n'est pas permanent. Il faut des structures permanentes avec des ressources. »

*

Aux États-Unis, beaucoup d'études le montrent[10], le taux de syndicalisation est fortement lié aux inégalités de richesse. C'est en grande partie dû aux particularités du système de négociation collective. Contrairement à la France, la loi fédérale offre peu de garanties aux salariés : presque aucune protection contre les licenciements, pas de congés payés, pas de congés maternité ou paternité. Il n'y a pas de conventions collectives ni d'accords de branche. Depuis le New Deal, les négociations ont lieu uniquement au niveau de l'entreprise, et seulement si une majorité de salariés affichent leur volonté de créer une section syndicale. Pour résumer : aux États-Unis, les syndicats ouvrent accès à des droits qui sont considérés comme acquis en France et dans d'autres pays européens.

Quand le taux de syndicalisation était élevé, la plupart des salariés américains bénéficiaient d'une amélioration de leur niveau de vie. Les travailleurs des entreprises dites « syndiquées » (US Steel, General Motors, General Electric…) profitaient de nombreux avantages inscrits dans leurs accords d'entreprise (des salaires relativement élevés, des retraites plutôt généreuses, des congés payés…). Les entreprises dites « non syndiquées » suivaient. Le fruit d'un calcul simple de la part des employeurs : mieux vaut offrir des avantages « volontairement » que de risquer l'arrivée d'un syndicat. Cette pression syndicale entraînait un engrenage vertueux pour les travailleurs, en poussant les salaires vers le haut et en redistribuant une part des richesses de la première économie mondiale.

Dans les années 1970, cet équilibre a commencé à se détériorer. Secoués par les vents de la désindustrialisation et de la mondialisation, les employeurs américains sont passés à

10. Voir, par exemple : « Unions help reduce disparities and strengthen our democracy », *Economic Policy Institute*, 23 avril 2021 (en ligne).

l'offensive. Le syndicalisme, pilier du contrat social, était devenu un obstacle à la croissance économique. Fraîchement arrivé à la Maison-Blanche, Ronald Reagan licencie plus de 10 000 contrôleurs du trafic aérien en grève non autorisée. Un épisode parmi d'autres, qui annonçait l'arrivée d'une nouvelle ère de relations capital-travail. De longues grèves dans d'autres secteurs se sont soldées par des échecs. Des licenciements de masse se sont succédé dans des bastions syndicaux. Un sentiment d'impuissance s'est insinué au sein des syndicats eux-mêmes. « La situation s'est vraiment aggravée dans les années 1980 avec le déclin de l'industrie et le cocktail explosif de l'arrivée de la prétendue “nouvelle économie”, se rappelle Chris Townsend. Selon Ronald Reagan, “la nouvelle économie” devait libérer les gens des boulots qu'ils n'aimaient pas. Eh bien non ! »

*

Les syndicats sont porteurs d'une certaine vision du monde, façonnée lors de réunions, de formations, qui sont autant de moments de sociabilité. S'il y a des exceptions, cette vision se situe à la gauche de l'échiquier politique. Il suffit pour s'en convaincre de parcourir les résolutions approuvées[11] au dernier congrès de l'AFL-CIO (le principal regroupement syndical du pays). Les syndicats de l'AFL-CIO proposent des hausses d'impôts pour les plus riches, n'hésitent pas à critiquer les accords de libre-échange et appellent à combattre toutes les discriminations. Plus concrètement, ils maintiennent une alliance informelle avec le Parti démocrate qui date de l'époque de Roosevelt : les syndicats financent des candidats qui s'engagent à défendre leurs intérêts et ils encouragent leurs adhérents à les soutenir dans les urnes.

11. Résolutions adoptées en 2022, consultables sur le site Web de l'AFL-CIO.

Cette alliance informelle résiste encore aujourd'hui. Depuis les années 1970, les sondages montrent que les Américains qui vivent dans un foyer où au moins une personne est syndiquée ont tendance à voter démocrate. Bien que plus ténu depuis les mandats de Jimmy Carter ou de Bill Clinton, ce lien se maintient. Et il est d'autant plus important alors que les républicains captent de plus en plus de voix parmi les classes populaires et les classes moyennes. Si Donald Trump séduit une bonne part de la *working class* américaine, son discours perce moins dans la frange syndiquée.

Selon le syndicaliste Chris Townsend, l'attirance suscitée par Trump n'est pas sans lien avec la forme d'autoritarisme qui règne sur les lieux de travail : « Comme je le dis toujours, l'entreprise américaine est une dictature. Tu peux être licencié à n'importe quel moment et tu ne peux rien faire. Je l'ai répété à des milliers de travailleurs au fil des années et pas un seul n'a essayé de me corriger. Quand quelqu'un passe toute sa vie dans un environnement de dictature totale, comment peut-on croire que cette personne va adopter une mentalité "démocratique" quand elle rentre chez elle à la fin de la journée ? Dans notre économie, si vous ne répondez pas aux besoins du patron et que vous faites partie des 94 % de salariés dans le secteur privé qui n'ont pas de syndicat, vous êtes mis de côté. Et en fonction de votre âge et de vos compétences, vous allez rester sur le carreau. »

Le codirecteur des formations de *salting* a un point de vue similaire. Comme Chris Townsend, Richard Bensinger a passé sa vie au sein de ce mouvement qu'il décrit comme « un mouvement multiracial et multiculturel basé sur le principe de la solidarité ». Il estime, lui aussi, que si les syndicats retrouvaient leur puissance d'antan, la gauche américaine serait un peu plus ancrée dans les préoccupations quotidiennes de la population. Et un peu moins coupée de la réalité : « Je connais des démocrates à Washington qui sont avocats ou cadres, et qui gagnent entre 200 000 et 300 000 dollars par an. Certains travaillent pour l'administration Biden, ils ont des actions en Bourse, ils sont propriétaires, et ils se demandent : "Mais, pourquoi les gens ne sont pas contents avec cette économie formidable ?" Oui, c'est formidable pour eux, mais pas pour le reste de la population. » Richard Bensinger le dit sans gêne : il pense que le syndicalisme est un rempart contre l'extrême droite. Dans un contexte où le Parti démocrate est discrédité et où même le terme « gauche » n'est pas très apprécié, il explique que les syndicats fédèrent les classes populaires et les classes moyennes autour d'un discours alternatif. « S'il n'y a pas de mouvement populaire qui les unifie autour de la justice, ils sont vulnérables aux fausses promesses de la droite. » Mais il insiste aussi sur la capacité des syndicats à dépasser les clivages ethniques et religieux sur lesquels jouent les trumpistes. « Il faut aller plus loin que la politique identitaire, me dit-il. Les syndicats ne sont pas construits sur le communautarisme[12], mais sur le principe de solidarité. » Et ce principe n'a rien d'abstrait quand les syndicats sont capables d'arracher des avantages pour leurs adhérents. La lutte paie, au sens propre.

Les syndicats américains se sont longuement battus pour l'égalité des droits au XX^e^ siècle, comme le rappelle, dans un article récent[13], Joseph McCartin, professeur d'histoire sociale à l'université de Georgetown ; y compris pour les Afro-Américains, dont l'exploitation a façonné l'histoire du pays. Cela a pris du temps, mais les dirigeants syndicaux les plus visionnaires ont fini par s'opposer à la ségrégation dans

12. En anglais, il a utilisé le mot « *tribalism* », qu'on pourrait aussi traduire par « tribalisme ». Mais le terme « communautarisme » m'a paru plus approprié.
13. Joseph McCartin, « U.S. Labor and the Struggle for Democracy », *New Labor Forum*, 32 (1), p. 24-31, 2023.

les années 1930, comprenant que ce système desservait leurs intérêts en divisant les travailleurs. Et les syndicats ont joué un rôle essentiel dans le mouvement des droits civiques pour des raisons similaires. Si le discours « *I have a dream* » est connu dans le monde entier, on oublie souvent deux personnes aux côtés de Martin Luther King à Washington ce jour-là : Philip Randolph, le leader du puissant syndicat des porteurs afro-américains des chemins de fer, et Walter Reuther, le dirigeant du principal syndicat de l'automobile. Quand l'icône du mouvement des droits civiques a été assassinée à Memphis en 1968, il était venu en soutien d'une grève des éboueurs municipaux… C'est dans une autre grande ville du Sud à jamais liée au mouvement des droits civiques que se déroule une des campagnes de syndicalisation les plus importantes en ce moment : Montgomery, dans le cœur de l'Alabama.

*

Lorsqu'on n'en a pas l'habitude, les orages du Sud profond peuvent être terrifiants. Et très clairement, je n'y suis pas habitué. Dans ma voiture sur le chemin de la capitale de l'Alabama, je suis émerveillé par les énormes nuages gris qui émergent à l'horizon. D'un seul coup, la pluie s'abat, par torrents. Après quelques minutes, elle s'arrête soudainement, pour laisser la place à des rafales de vent qui secouent la voiture et montent en intensité. Je décide de m'arrêter pour me mettre à l'abri dans un fast-food, convaincu qu'une tornade est imminente. Mais les employés me rassurent. Ce qui se passe dehors est tout à fait normal. Rien à craindre. Des orages comme ça, il y en a quasiment tous les jours en été.

Le lendemain, je me balade dans le centre-ville de Montgomery, presque vide sous un soleil ardent. Je n'ai pas très envie de voir l'ancien Capitole, ou l'ancienne résidence du président des États confédérés d'Amérique. Je préfère aller voir la statue de Rosa Parks. C'est ici qu'elle a refusé de céder sa place à un passager blanc dans un bus municipal, lançant un boycott contre la compagnie qui a duré plus d'un an. Une des premières grandes campagnes du mouvement des droits civiques, soutenue par Martin Luther King, alors pasteur à l'église baptiste de l'avenue Dexter, un kilomètre à l'est. Mais je ne suis pas venu ici pour faire du tourisme. En réalité, je suis plus intéressé par ce qui passe en dehors du centre-ville, dans la gigantesque usine Hyundai. C'est ici, dans une zone calme au bord de l'autoroute, que la firme sud-coréenne a décidé de construire sa première usine aux États-Unis il y a une vingtaine d'années, attirée comme de nombreux constructeurs automobiles étrangers par les coûts de production relativement bas et le faible taux de syndicalisation dans la région. À la suite de Nissan (dans le Tennessee), Toyota (dans le Kentucky), BMW (en Caroline du Sud) et Mercedes (dans l'Alabama)[14]. Mais des changements semblent poindre à l'horizon. Une part croissante des 4 200 salariés, majoritairement des travailleurs afro-américains, souhaitent rejoindre le syndicat des United Autoworkers (UAW). Et après la victoire de l'UAW dans l'usine Volkswagen du Tennessee, tout paraît possible. Si le syndicat arrivait à arracher une victoire à Montgomery, les répercussions se feraient sentir bien au-delà du secteur de l'automobile. Sommes-nous à l'aube d'une transformation politique et économique du Sud ? Depuis des décennies, les syndicats peinent à s'implanter durablement dans la région, mais cette fois-ci l'UAW ne semble pas très loin d'une percée…

J'arrive dans le « bureau » du syndicat de l'automobile, une salle de réunion louée dans un hôtel à quelques minutes de

14. Luis Feliz Leon, « Why foreign carmakers set up shop in the US South », *Jacobin*, 4 février 2024 (en ligne).

l'usine. Il fait 40 degrés dehors mais la clim tourne à fond et j'enfile un pull. En attendant l'arrivée des ouvriers à l'initiative du mouvement, je regarde les murs, recouverts de plans détaillés de l'usine, de plannings et de diverses affiches syndicales. Une initiative de cette ampleur ne s'improvise pas. Quand les travailleurs me racontent leur vécu, je comprends pourquoi ils ont fait le choix de consacrer autant d'énergie à cette campagne.

Quichelle Liggins a 44 ans. Cette mère célibataire travaille à l'usine depuis douze ans comme référent qualité, vérifiant les voitures qui sortent de la chaîne de montage, pour un salaire de 30 dollars de l'heure. Elle veut un meilleur équilibre entre sa vie professionnelle et sa vie privée, et ce n'est pas évident dans l'usine qui fonctionne en trois équipes se relayant toutes les dix heures. « Quand je travaillais la nuit, j'étais épuisée. L'après-midi, mes deux enfants faisaient leurs devoirs, et le soir je les ramenais chez ma mère. J'allais à l'usine, et quand je sortais j'allais les préparer pour l'école le matin. Mon fils était souvent en retard parce qu'on ne sortait pas de l'usine avant 6 h 45 du matin. » Aujourd'hui, elle alterne entre l'équipe du matin et celle du soir, sans compter les « samedis flexibles » : ces samedis où les ouvriers sont parfois appelés à venir travailler. Un enfer pour planifier ses rendez-vous médicaux, ses vacances, sa vie en dehors du boulot tout simplement. Et elle me raconte un épisode hallucinant. Il y a quelques années, Quichelle a pris une demi-journée de congé pour aller voir son fils jouer au basket. Elle a quitté son service huit minutes avant la pause déjeuner, comme la majorité de ses collègues. La semaine suivante, elle a été convoquée par la direction pour « insubordination ». Après s'être défendue, elle a été choquée de la réponse d'un de ses supérieurs. « Je me suis retrouvée face à un manager qui m'a dit que ce boulot était plus important que ma famille, et ça m'a vraiment énervée. » Finalement, Quichelle n'a pas été sanctionnée, mais « ça en dit beaucoup sur l'ambiance dans laquelle on travaille », selon elle. Avec un syndicat, les salariés auraient enfin leur mot à dire sur les plannings et la gestion du temps…

Je rencontre aussi Duwayne Naylor, 60 ans, un des rares travailleurs blancs à prendre part à la campagne de l'UAW. Lui pense surtout à la retraite. Enlevant sa casquette de l'université de l'Alabama, il me raconte ses débuts à la chaîne de montage en 2005. « Parfois les gens me demandent : "Mais pourquoi tu as travaillé quatorze ans à la chaîne ?" Je réponds toujours : "Ma femme et mes deux enfants." Travailler beaucoup pour soutenir sa famille, c'est comme ça qu'on m'a élevé. » Depuis cinq ans, il est référent qualité dans l'atelier de carrosserie. Son corps est marqué par son métier. Sa main gauche est couverte de pansements, résultat d'une opération récente pour soigner des douleurs récurrentes. Il s'est déjà fait opérer de la main droite pour les mêmes raisons. « J'ai envie de partir à la retraite dans deux ans, mais l'entreprise ne nous donne rien. Nous n'avons pas de vraie pension. Il y a un plan 401(k) [un système d'épargne retraite par capitalisation], mais ça, c'est plutôt un compte d'épargne. Et il suit la Bourse, qui peut monter ou baisser. » Les chances d'obtenir un accord d'entreprise qui mette en place une véritable pension avant qu'il parte à la retraite sont infimes, mais Duwayne pense à son fils, qui travaille aussi à l'usine depuis trois ans. « Peut-être que le syndicat ne m'aidera pas immédiatement, mais dans dix-huit, dix-neuf ans, mon fils va avoir besoin d'un plan de retraite et de meilleures conditions de travail. J'essaie de penser à ceux qui viennent après. »

Et puis il y a Kissy Cox, 47 ans, qui travaille sur la chaîne de production depuis deux ans, sur un poste à côté de l'atelier de peinture. Elle gagne 27,55 dollars de l'heure. À cause des mouvements répétitifs, elle a développé un syndrome du canal carpien un an seulement après son arrivée à l'usine. Elle a dû subir une opération chirurgicale. « J'étais obligée de subir cette opération pour suivre ensuite les cadences. Je me suis dit "OK, si ça m'aide à tenir le rythme, je vais le faire". » Elle veut surtout améliorer ses conditions de travail, grâce, par exemple, à des représentants syndicaux sur place comme dans les usines représentées par l'UAW dans le Michigan. « En ce moment, les managers gèrent tout. On n'a personne vers qui se tourner. Les managers pensent qu'on se plaint, mais ils ne font pas le travail. Ils ne touchent pas aux fils que je dois manier toute la journée. Leur préoccupation principale, c'est que je mette les fils dans la voiture. » Sur le site, la productivité n'est pas en berne. Selon une étude menée par une entreprise de conseil spécialisée dans l'automobile, l'usine Hyundai à Montgomery a été la deuxième usine automobile la plus productive au monde en 2021[15]. Juste après celle de Peugeot à Sochaux.

*

À écouter ces doléances, il est difficile d'imaginer que la campagne de création du syndicat puisse susciter autre chose qu'un soutien unanime. Mais créer un syndicat n'est jamais facile aux États-Unis et encore moins dans l'Alabama. Avant même de procéder à une élection, l'UAW doit prouver le soutien d'au moins 30 % des salariés. Concrètement, il s'agit de convaincre des centaines d'ouvriers de signer individuellement des « cartes de soutien » qui seront ensuite présentées à l'État fédéral. Et très clairement, le syndicat doit prospérer en terrain hostile.

15. Il-Gue Kim, « Hyundai Motor's Alabama plant : World's second most productive », *The Korea Economic Daily*, 11 janvier 2022 (en ligne).

Tout d'abord, l'opposition vient du management. Dans les salles de repos à l'usine, les téléviseurs diffusent, en boucle, des vidéos anti-syndicat. « C'est de la pseudo-actualité, présentée par une sorte de présentatrice de Hyundai », m'explique Quichelle, en hochant la tête. Des informations sur les ventes et la productivité de l'entreprise coréenne se mêlent aux nouvelles sur des licenciements, des grèves et des fermetures d'usines où l'UAW a réussi à s'implanter. Les ouvriers reçoivent aussi des SMS sur leurs portables personnels. « Typiquement, ils vont dire : "Vous n'avez pas besoin d'un tiers pour vous représenter. Nous sommes une grande famille." Ils vont également parler des cotisations syndicales, en disant que le syndicat va aspirer notre argent. Ils vont dire que nous n'aurons plus le droit de parler au management », détaille Kissy Cox. Aux États-Unis, toute cette activité est autorisée par la loi. Il s'agit de techniques développées au fil des années par une constellation de consultants et de cabinets d'avocats spécialisés dans les stratégies de « prévention de la syndicalisation [*union avoidance*][16] ».

Mais l'opposition vient également des élus. Et c'est ça, la vraie spécialité du Sud. En avril 2024, les gouverneurs républicains de l'Alabama, de la Caroline du Sud, de la Georgie, du Mississippi, du Tennessee et du Texas ont publié un communiqué commun contre l'UAW, fustigeant des « intérêts particuliers qui veulent s'installer dans nos États pour menacer nos emplois et nos valeurs[17] ». Les gouverneurs comprennent très bien qu'une nouvelle victoire de l'UAW, chez Hyundai ou ailleurs, pourrait avoir des conséquences bien au-delà du

16. Cole Stangler, « Le transporteur français Keolis mis en accusation par ses salariés américains », Mediapart, 3 mars 2023 (en ligne).
17. « Governor Ivey & Other Southern Governors Issue Joint Statement in Opposition to United Auto Workers (UAW)'s Unionization Campaign », communiqué de presse de la gouverneure de l'Alabama, 16 avril 2024 (en ligne sur le site officiel de la gouverneure de l'Alabama).

secteur. Leur message est aussi une belle illustration de *dog whistling*. Il n'est jamais anodin dans le Sud de pointer du doigt les influences extérieures qui veulent menacer l'ordre traditionnel…

« Franchement, de mon point de vue, je n'ai jamais rencontré autant d'opposition politique », observe Antonia McClain, une militante de l'UAW installée à Montgomery. Selon elle, le syndicat a même eu du mal à trouver des bureaux à louer, tant l'influence de l'entreprise coréenne est immense. Quand les représentants du syndicat ont cru enfin trouver un immeuble, le propriétaire s'est retiré de l'accord à la dernière minute sans explication. « Aujourd'hui, les fenêtres de cet immeuble sont condamnées. Ils préfèrent que l'immeuble reste vide et perdre je ne sais combien de milliers de dollars par an que de nous le louer. »

Il faut bien le dire, sociologiquement, la main-d'œuvre de Hyundai n'a rien à voir avec les salariés de Starbucks. La plupart n'ont pas fait d'études. Ils ne sont pas particulièrement jeunes. Ils ne sont pas spécialement politisés. Et comme bon nombre d'habitants du Sud, ils sont habitués à travailler sans représentation syndicale. « Beaucoup de mes collègues ont peur, me confie Kissy Cox. Ils sont contents de préserver ce qu'ils ont déjà. Ils pensent que les choses ne vont pas changer, ou qu'ils n'auront jamais mieux que ce qu'ils ont aujourd'hui. » Pour ces derniers, l'UAW est synonyme d'incertitude. Et même si leurs salaires sont parmi les plus bas du secteur, ils restent plutôt élevés par rapport à la région. « Pour beaucoup d'entre eux, il y a cette idée de pouvoir dire : "Regarde maman, j'ai réussi !" m'explique Quichelle Higgins. C'est le meilleur boulot qu'ils auraient pu imaginer. »

Ce n'est pas une coïncidence si les initiateurs du mouvement ont tous de l'expérience avec les syndicats. Pour sa part, Quichelle est née à Montgomery, mais elle a vécu en

Californie, et plusieurs membres de sa famille ont travaillé pour la poste. « J'ai grandi entourée de syndicalisme, et on m'a appris à me défendre et prendre la parole si quelque chose qui ne va pas. Mais c'est différent ici. Parfois les gens ne savent même pas pourquoi ils ne souhaitent pas la présence d'un syndicat. C'est simplement ce qu'on leur a appris. C'est comme ça. » Kissy Cox est aussi originaire de Montgomery, mais c'est sur un chantier naval en Virginie qu'elle a découvert les avantages des accords d'entreprise. « Ici, il existe cette idée que "les syndicats c'est pour là-haut, dans le Nord, mais pas ici". »

Je dois reconnaître que j'aurais aimé raconter une histoire plus optimiste. Pas forcément comme dans *Norma Rae* ou *Harlan County U.S.A.*, ces films où le syndicat triomphe dans des conditions difficiles en dessous de la ligne Mason-Dixon (la ligne de démarcation historique entre le Nord et le Sud des États-Unis). Mais je m'attendais à une histoire un peu plus joyeuse. Dans une vidéo postée sur les réseaux sociaux, l'UAW fait des parallèles entre le combat des employés de Hyundai et le mouvement des droits civiques[18]. Et pour moi, les parallèles sont évidents, mais Antonia McClain m'informe que ce message ne passe pas avec tous les ouvriers. En tout cas, pas pour l'instant. La réalité est qu'il est difficile d'organiser un syndicat dans une usine où travaillent 4 200 personnes, surtout dans un climat aussi hostile. Avant d'appeler à une élection, il faut être sûr d'obtenir la majorité. Et pour en arriver là, il faut prendre son temps. Ce n'est pas une mince affaire de briser des adages au cœur du rêve américain : pense à tes propres intérêts, ne prends pas de risques, respecte l'autorité…

18. « "Hyundai Can't Wait": Alabama autoworkers unionizing », *UAW*, YouTube, 1er février 2024.

Malgré tout, Kissy Cox reste confiante : « Le mouvement triomphera un jour. Une fois que les gens seront mieux informés. » Pour sa part, Quichelle reste prudemment optimiste : « Il faut juste que les gens se rappellent pourquoi ils vont au travail tous les jours. Qu'ils se rappellent les raisons pour lesquelles ils veulent garder ce boulot et supporter tous les problèmes qui vont avec. S'ils font ça, il est plus facile de comprendre pourquoi nous avons besoin d'un syndicat. Cela dit, pour moi, la raison principale c'est la famille. Si nous arrivons à mettre tout ça en perspective, évidemment nous allons avoir un syndicat. »

*

En France, les syndicats jouent un rôle très différent. Les accords qu'ils négocient s'appliquent à l'ensemble des salariés et les piliers du modèle social sont inscrits dans la loi. Adhérer à un syndicat n'ouvre pas accès à des droits supplémentaires. On n'a pas besoin d'être à la CFDT ou à la CGT pour profiter des congés payés ou d'une retraite digne. Tout le monde en bénéficie. Et c'est tant mieux. Le taux de syndicalisation est pourtant très similaire dans nos deux pays. Depuis les années 1990, il se stabilise autour de 10 %. Et comme aux États-Unis, les syndicats français transmettent une certaine vision du monde à cette partie de la population active. S'il y a des exceptions importantes (les syndicats agricoles, les syndicats policiers, de nombreux syndicats rattachés à Force ouvrière…), cette vision se situe, en général, à gauche ou au centre gauche. Et cela est particulièrement visible lors des élections. Même quand les syndicats ne donnent pas de consignes de vote, leurs adhérents penchent à gauche. Selon l'Ifop, lors des trois dernières élections présidentielles, les salariés proches d'un syndicat étaient plus enclins à voter pour des candidats de gauche et moins enclins à voter pour des candidats d'extrême droite au premier tour que le reste de la population[19].

Pour voir à quoi ressemble un bastion syndical dans la France contemporaine, il n'est pas nécessaire de beaucoup s'éloigner de ma ville d'adoption. À une quarantaine de kilomètres du centre-ville de Marseille, dans un bassin industriel longtemps dominé par la gauche, se situe la ville de Port-de-Bouc. Une commune tenue par des maires communistes depuis la Libération. Le royaume des dockers qui, depuis un siècle, font tourner le premier port national. Une partie de la France où, contrairement à la capitale, on ne me fait pas de commentaires sur mon accent. Sur le chemin de l'union locale de la CGT, je descends l'avenue Maurice-Thorez, où les maisons aux toits de tuiles ont été remplacées par les barres de logements sociaux. Je fais un saut au port de plaisance, les hauts-fourneaux et les grues portuaires marquent l'horizon à l'ouest. Je sonne à la porte de la CGT. Juste à côté d'un bistrot où des hommes âgés sirotent leurs cafés sous un soleil doux, bavardant en arabe. Je m'installe dans le bureau de Christophe Claret, le secrétaire général des dockers du golfe de Fos, docker lui-même depuis 2018. Un tableau accroché au mur rappelle les précédentes générations d'ouvriers portuaires…

Quand on est docker au port de Fos-Marseille, prendre sa carte à la CGT est un rite de passage. Selon le syndicaliste, l'ensemble des 600 dockers qui se présentent aux deux centres d'embauche du port sont adhérents à la CGT. Tout comme les 700 agents portuaires. « En fait, c'est culturel », m'explique-t-il. Et quand on rejoint le syndicat, on est exposé à un certain nombre de valeurs. « La CGT est antiraciste, continue-t-il. Qu'on s'appelle José, Kader, Mustapha ou Christophe,

19. Ifop, *Analyse du vote selon la proximité syndicale*, 10 avril 2022.

on a tous les mêmes droits au sein d'une entreprise. À partir du moment où on pense "je m'appelle Karim, je n'ai pas les mêmes droits que celui qui s'appelle Christian", le patronat a gagné. C'est la division des travailleurs. »

Au moment des dernières élections législatives, le syndicat a naturellement pris position contre le Rassemblement national[20]. Avec une critique essentiellement axée autour du travail. « À aucun moment l'extrême droite ne sera du côté des travailleurs, me raconte Christophe Claret. Ils ont voté contre la remise en cause de la réforme des retraites. Ils ont voté contre l'augmentation du SMIC. Ils ne proposent rien pour les travailleurs. Ils ne sont qu'en faveur de la répression, en voulant durcir les lois migratoires et ainsi de suite. Le bouc émissaire, c'est l'immigré, et en aucun cas on ne parle du capital. »

Les dockers n'étaient pas les seuls à tenir ce type de discours. Même avant le premier tour, cinq confédérations syndicales avaient appelé à se mobiliser contre l'extrême droite[21]. Et selon une étude d'opinion de Toluna-Harris Interactive, un grand nombre de leurs adhérents ont suivi ces consignes. Parmi les salariés « proches d'un syndicat de salariés », 44 % ont voté pour un candidat du NFP et seulement 19 % ont voté pour un candidat RN. Un score d'autant plus impressionnant dans une élection marquée par un soutien massif de l'électorat populaire au parti de Marine Le Pen. Selon une autre étude de l'Ifop, le RN a largement devancé le NFP dans les classes populaires et les classes moyennes au premier tour. Il arrive en tête parmi les électeurs de toutes les catégories de revenus inférieurs à 2 500 euros. Très clairement, les syndicats ont permis à la gauche de limiter les dégâts. Comme aux

20. Joey Temple, « La CGT des dockers de Fos soutient la décision du syndicat au niveau national et appelle à voter Nouveau Front Populaire », *Maritima.fr*, 19 juin 2024 (en ligne).
21. « Législatives anticipées : cinq syndicats appellent à "manifester le plus largement possible" ce week-end », *AF-P*, 10 juin 2024 (en ligne).

États-Unis, l'extrême droite séduit de plus en plus, mais elle perce moins chez les électeurs proches d'un syndicat...

En fin de compte, l'appel des dockers n'a pas été suffisant. La treizième circonscription des Bouches-du-Rhône a basculé du Parti communiste français au Rassemblement national. Une défaite terrible pour la gauche sur ce territoire ouvrier, une circonscription tenue par le PCF pendant dix-sept ans, mais tout à fait emblématique de la progression extraordinaire du RN au cours des dernières années. Au second tour, une seule commune a voté pour le député communiste sortant : Port-de-Bouc[22].

Maixent Bitan, secrétaire général de l'union locale CGT de Port-de-Bouc et lui aussi docker, apporte des nuances. « Quand tu regardes les résultats des votes bureau par bureau, ce serait se mentir que de croire qu'aucun de nos adhérents ne vote pour le RN. » Mais encore une fois, la CGT crée une digue. Et dans une élection où la moitié des ouvriers qui se sont rendus aux urnes ont voté pour le RN, la résistance des dockers est impressionnante...

Il ne s'agit pas d'idéaliser le syndicat des ouvriers portuaires du golfe de Fos. La main-d'œuvre est quasi exclusivement masculine. Très particulier et très réglementé, le secteur emploie peu de travailleurs. Mais en préservant une certaine culture et en défendant des valeurs collectives au fil des années, ils sont à contre-courant du monde du travail contemporain, et ils le savent très bien. « La société évolue et l'individualisme a pris le pas sur les valeurs collectives. Je pense que ça vient de l'école, de l'éducation des parents, exacerbée par les réseaux sociaux. De l'individualisme galopant. À la CGT, on essaie de

22. « Législatives 2024 dans les Bouches-du-Rhône : les résultats du second tour » (en ligne sur le site marsactu.fr).

porter des valeurs collectives. C'est de plus en plus compliqué d'inculquer ça aux jeunes, continue Christophe Claret. On est aux antipodes de la société d'aujourd'hui. On fait du collectif et on pense que c'est la seule façon de faire pour se préserver et améliorer nos vies. »

Il est possible de voir les dockers comme un reliquat du « vieux monde » et de ses anciens clivages basés sur les classes sociales ; un peu comme on voit les mineurs de charbon de la Virginie-Occidentale ou les ouvriers sidérurgistes de la Pennsylvanie. Les derniers souffles d'une classe ouvrière autrefois ancrée à gauche. On peut aussi se représenter les choses un peu différemment. Dans des pays où les partis de gauche peinent à garder la confiance des classes populaires, le syndicalisme pourrait s'avérer d'une importance cruciale. Que se passerait-il si les syndicats français arrivaient à s'implanter durablement dans des secteurs plus dynamiques de l'économie, transmettant leurs valeurs à des dizaines de milliers de nouveaux adhérents ? Dans les entrepôts de la logistique ? Dans les services de nettoyage ? Dans les cafés et les restaurants ? Si c'est possible aux États-Unis, pourquoi pas en France ?

*

La zone commerciale au sud de Montélimar a quelque chose de très américain. Un labyrinthe de gigantesques magasins discount et de fast-foods, entourés par une poignée d'entrepôts. Le visage anonyme du capitalisme moderne. On pourrait être dans l'Alabama. Dans le Wisconsin ou au Texas. Une ville quelconque de taille moyenne près d'une grande autoroute. Les trottoirs sont vides, les voitures omniprésentes. Mais Montélimar Sud, c'est aussi un centre logistique névralgique. Car c'est ici qu'Amazon a décidé de construire un de ses huit centres de distribution en France, à mi-chemin entre Lyon et Marseille. Je n'ai pas été autorisé à entrer dans l'entrepôt, mais un jeune syndicaliste, Robin Collignon, m'a guidé pour un tour de l'extérieur. Il faut tenter de visualiser les 5 millions d'articles que le site peut accueillir. Avant qu'il ne commence son travail, nous prenons un café dans l'une des trois boulangeries Marie Blachère de la zone commerciale. L'International House of Pancakes française, en quelque sorte.

Robin a 34 ans et il a commencé sa carrière chez Amazon en 2016. Il est en CDI depuis 2017. Ancien assistant d'éducation dans un lycée professionnel, il a été attiré par le premier employeur privé de Montélimar[23] pour la même raison que la plupart de ses 850 collègues : « Je suis venu travailler chez Amazon pour payer mon loyer. » Son salaire mensuel gravite autour des 1 600 euros nets. Son titre officiel ? Agent d'exploitation en logistique. Quand je lui demande de m'expliquer plus précisément de quoi il s'agit, il pousse un soupir comme s'il avait l'habitude de répondre à cette question plus complexe qu'il n'y paraît. « En fait, pour Amazon, il n'y a pas de poste de travail. Ils parlent de *process*. Donc il y a plein de *process* différents mais qui n'ont pas de fiche de poste. Et ça peut être assez vaste. Les activités principales, ça peut être : la réception d'articles de marchandises, la mise en stock, ou ce qu'on appelle le "*picking*", c'est-à-dire prélever les articles dans le stock une fois que la commande est passée. Ensuite il y a l'emballage et pas mal d'autres étapes. En fait, ils profitent de l'appellation "agent d'exploitation logistique" pour englober plein de postes différents sans forcément reconnaître les responsabilités qui vont avec. » Les lois ne sont pas les mêmes, mais le système d'organisation du travail d'Amazon ne connaît pas de frontières…

23. Site Web de Montélimar Sud Développement, association des professionnels de Montélimar Sud.

Dès son arrivée chez Amazon, Robin s'est rapproché de la CGT. Cela paraît normal, compte tenu de son parcours. Robin est le fils d'une enseignante de maternelle impliquée dans la FSU, le premier syndicat des enseignants, et il a autrefois créé un comité « précaires et privés d'emploi » à l'union locale de Montélimar. Aujourd'hui, il est délégué syndical, et c'est un combat de tous les jours. À l'intérieur de l'entrepôt, les employés sont souvent isolés les uns des autres. L'organisation du travail limite les moments d'échange. Et le turn-over est important. « C'est assez fréquent qu'on syndique des collègues, mais ils finissent par partir de l'entreprise parce qu'ils n'en peuvent plus. Ils arrivent à bout physiquement et moralement. » Selon Robin, la CGT parvient tout de même à maintenir une base d'une « cinquantaine » d'adhérents. Comme les trois autres syndicats représentatifs : la CFDT, Sud et la CAT. Il estime qu'un travailleur en CDI sur quatre à Montélimar est syndiqué. Un niveau impressionnant dans le secteur privé. Et la preuve d'une certaine efficacité.

Robin a suivi les campagnes de syndicalisation chez Amazon aux États-Unis avec intérêt, et il connaît les particularités du système américain. Il me rappelle aussi de ne pas trop idéaliser les droits qui existent sur le papier en France. Les syndicats consacrent un temps précieux à les faire appliquer. « Le fait qu'il y ait un cadre qui existe, qui garantisse un certain nombre de règles, ce n'est pas suffisant. Il faut que dans l'entreprise il y ait une organisation, une structure, un collectif qui puissent obliger l'employeur à respecter tout cela. On sait très bien comment ça se passe s'il n'y a pas de syndicat dans une boîte ; le Code du travail n'est pas toujours respecté. »

Mais en plus de s'assurer du respect de la loi, Robin m'explique comment les syndicats d'Amazon réussissent très concrètement à améliorer les conditions de vie et de travail des salariés. Il est fier de deux combats en particulier. Dans les premières semaines de la crise du Covid, les syndicats ont poussé l'entreprise américaine à mettre en place de meilleures protections pour assurer la sécurité des employés[24]. Plus récemment, ils ont obtenu des augmentations de salaire au-dessus de ce qu'Amazon proposait lors des négociations annuelles obligatoires. En 2022, la direction avait initialement proposé une augmentation de salaire de 2 % alors que le taux d'inflation avoisinait les 6 %. « C'était la goutte d'eau qui a fait déborder le vase. Vu le contexte d'inflation, vu les profits réalisés par l'entreprise, ça a été perçu comme une insulte. » Après une grève de trois jours, suivie dans plusieurs centres de distribution en France, la direction a fini par lâcher une augmentation de 3,5 %. « Certains collègues ont vécu ça comme un échec. Je leur ai dit : "Attendez, si on n'avait pas fait ça, on serait resté à 2 %. En revanche, si on avait continué, si le mouvement s'était un peu durci, on aurait pu obtenir encore plus. On aurait pu faire monter le curseur encore plus haut." Ça montre que la mobilisation, le rapport de force, ça paie toujours. »

Comme d'autres syndicats, la CGT chez Amazon encourage les salariés à ne pas voter pour l'extrême droite. La bataille n'a cependant pas été facile aux dernières législatives. « Il y a quand même une partie non négligeable des salariés d'Amazon qui votent pour l'extrême droite. Je ne les ai jamais rejetés, je ne les ai pas jugés parce que je pense que ce n'est pas comme ça qu'on fait avancer les choses. À chaque fois, j'ai essayé d'apporter un discours argumenté et je pense avoir réussi à en convaincre certains. »

24. Cole Stangler, « How French workers took on Amazon in the middle of a pandemic and won », *The New York Times*, 29 avril 2020 (en ligne).

En effet, un syndicaliste ne peut pas s'offrir le luxe d'ignorer ses collègues attirés par l'extrême droite. Les insulter ou les ridiculiser n'apporte rien. On les écoute et on essaie de les convaincre. Avec quels arguments ? « Je leur ai dit : "Il y a des collègues dans l'entreprise qui bossent avec nous qui n'ont pas la nationalité française." Si demain le RN est au pouvoir, ça veut dire qu'ils risquent de ne plus pouvoir voter aux élections professionnelles. C'est ce que le RN a proposé à l'Assemblée nationale en 2022[25]. Il y a aussi la "préférence nationale" au niveau des allocations. Ce sont des questions très concrètes. Et à un moment donné, ce que je dis, c'est "ceux qui essaient de diviser les travailleurs sur des questions de nationalité, d'origine, de religion, de couleur de peau, etc., ne sont pas nos alliés. Clairement, ce sont des gens qui affaiblissent notre camp." » Ces arguments, certains n'ont pas envie de les entendre. « Il y a des collègues ouverts à la discussion, à l'écoute des arguments, mais beaucoup se braquent directement, et répondent "non, je ne discute pas". »

Le message arrive tout de même à passer chez les travailleurs les plus proches des organisations syndicales. Et cela me semble être un point essentiel, que ce soit en France ou aux États-Unis. Pour un salarié, l'appel de son syndicat à voter contre l'extrême droite est plus audible que le même appel lancé par un parti politique ou une ONG. Lorsqu'ils arrivent à réellement défendre les intérêts de leurs adhérents et plus généralement des salariés, les syndicats bénéficient d'un niveau de confiance bien supérieur. Ils ne sont pas associés à une longue liste de trahisons ou de promesses vides, mais à des avancées concrètes. Ils sont gérés par des gens qu'on croise tous les jours. Ancrés dans une approche collective qui a su faire ses preuves.

25. Alexandre Durain, « Les étrangers dans l'entreprise : les pensées cachées du RN », note de Terra Nova, 26 juin 2024 (en ligne).

Si Robin est syndicaliste, c'est aussi parce qu'il croit dans l'action collective. Un outil qu'il estime plus que jamais vital. « Je pense que le fait de faire des choses ensemble, cela rassemble les gens et cela permet de faire tomber des barrières. Et, oui, cela permet aussi de déconstruire certains préjugés que les gens peuvent avoir. Le fait que des gens se retrouvent, des gens d'origines différentes, de cultures différentes, de nationalités différentes, pour faire quelque chose de commun, forcément, ça crée du lien et ça fait reculer la xénophobie et les préjugés. »

# Conclusion

Dans les premiers vers d'« America », le poète jamaïcain Claude McKay exprime des sentiments contradictoires envers l'Amérique, son futur pays d'adoption : « Bien qu'elle me nourrisse d'un pain d'amertume / Qu'elle enfonce dans ma gorge sa dent de tigre / Qu'elle me vole mon souffle de vie / J'avoue que j'aime cet enfer cultivé qui met ma jeunesse à l'épreuve[1] ! » Le poète emblématique de la Renaissance de Harlem[2], *outsider* d'un autre genre car vagabond bisexuel et cosmopolite, voue un amour paradoxal aux États-Unis. À l'heure où j'écris ces lignes, alors que l'ex-président inculpé pour complot contre les institutions américaines prononce son discours d'investiture au Capitole, les derniers vers d'« America » me reviennent à l'esprit : « Je jette un regard sombre sur les jours à venir / Et je vois sa puissance et ses merveilles de granit / Sous l'effet de la main infaillible du temps / Comme des trésors inestimables qui s'enfoncent dans le sable[3]. »

Contrairement à McKay, je reste un incorrigible optimiste. Mais force est de constater que la situation politique américaine se dégrade rapidement. Infréquentable il y a à peine

1. Traduction de Benoît Menut : « America » (pour soprano solo, violon solo et orchestre de chambre), Éditions musicales Artchipel, 2024.
2. Mouvement artistique et intellectuel qui s'est développé dans les années 1920 et 1930 à Harlem, un quartier de New York. Il marque une explosion de la créativité noire américaine, notamment en littérature, en musique (en particulier dans le jazz), dans les arts visuels et au théâtre.
3. « America », *op. cit.*

trois ans, le 47e président semble aujourd'hui à l'apogée de sa puissance : aux commandes d'une majorité républicaine dans les deux chambres du Congrès, signant une nuée de décrets, adulé par les grands patrons de la Silicon Valley (qui furent placés devant les membres de son propre cabinet lors de la cérémonie d'investiture). Sans surprise, je pense à une éventuelle arrivée au pouvoir du Rassemblement national en France : le président sortant déroulerait-il le tapis rouge à Marine Le Pen sur le perron de l'Élysée ? Qui serait invité à la cérémonie de passation des pouvoirs ? Les éditorialistes commenteraient-ils l'investiture comme s'il agissait d'un événement ordinaire ?

Rappelons encore une fois à quel point les contextes politiques diffèrent. La France n'a pas de mouvement religieux structuré qui rassemble ses fidèles derrière un grand parti conservateur. Il manque à sa droite extrême un « homme fort » à l'image de Trump. Si les inégalités de richesse augmentent, elles restent loin des niveaux états-uniens. La quantité d'argent circulant en politique n'est pas la même. Nous n'avons pas affaire à ce système de « corruption légalisée » qui pèse sur Washington. Et pourtant, se regarder dans le miroir américain, c'est saisir les risques à venir, même si ce reflet n'est pas flatteur. Dans une économie mondialisée qui a dévasté des *territoires entiers* dans le pays, la gauche a perdu des franges de son électorat historique. Ciblant sans relâche l'*establishment* politique, la droite dure parvient à rassembler un vaste électorat interclassiste. À la recherche de stabilité, des millions de citoyens acceptent un discours politique qui désigne l'immigré comme responsable du déclin. Que des millions de citoyens soient eux-mêmes issus de l'immigration n'est, en aucun cas, un frein au succès d'un discours « nativiste ». Les appels à défendre les valeurs fondamentales d'une république universaliste n'ont plus le même poids qu'avant. Dans un système électoral où il faut, à un moment, choisir entre deux candidats, on ne vote pas nécessairement par conviction. Des résultats autrefois inimaginables deviennent possibles.

Les médias jouent un rôle essentiel dans la recomposition du paysage politique. Dans une société plus atomisée que jamais, un milliardaire ultraconservateur a réussi à transformer le débat à son image. Déployant un style populiste qui profite d'une méfiance généralisée envers les médias, la première chaîne d'actualité en continu donne la priorité aux thèmes de prédilection de la droite. Elle entretient des liens privilégiés avec des politiciens conservateurs, nourrissant des guerres culturelles qui occupent tout l'espace et accentuent les clivages sociaux.

La gauche, quant à elle, continue de stagner. Certaines de ses figures les plus emblématiques refusent de reconnaître l'incapacité de leur camp à convaincre en dehors des grandes agglomérations urbaines, ou pire : considèrent qu'il ne s'agit pas d'un problème. Ceux-là pensent pouvoir remporter des élections sans le soutien d'une part considérable des classes populaires, en insistant sur la menace pour la démocratie que constitue le camp adverse. Quant aux syndiqués, ils continuent globalement à voter à gauche mais ne représentent plus que 10 % de la population active. N'en déplaise à l'extrême gauche, le fameux appel de Rosa Luxemburg à choisir entre « socialisme ou barbarie » ne sera pas forcément à l'ordre du jour dans les années à venir. Le centre peut perpétuer son hégémonie en reprenant des propositions et des éléments de langage de la droite dure. Comme tant d'autres l'ont noté, Emmanuel Macron a entamé ce processus au cours de sa présidence.

Il n'y a pas de recette magique pour combattre les trumpistes ou leurs émules. À titre personnel, j'ai toujours préféré observer et documenter que conseiller. Je voudrais toutefois revenir sur le parcours de Claude McKay, en particulier la fin de sa carrière. Elle met en lumière un principe fondamental en politique qui a permis aux démocrates de rassembler un vaste électorat, et ce à une époque bien plus dangereuse que la nôtre…

En 1934, le romancier jamaïcain est enfin revenu à New York. Il est plus ou moins ruiné et l'avenir ne semble pas rose. Les États-Unis subissent de plein fouet la Grande Dépression. Le taux de chômage avoisine les 21 %. Frappé durement par la crise économique, le Harlem florissant des années 1920 n'est qu'un souvenir lointain. Selon l'un de ses biographes, McKay aurait pu tomber dans l'indigence. S'il est parvenu à poursuivre sa carrière d'écrivain, c'est, en grande partie, grâce à un programme du New Deal de Franklin Roosevelt : le Federal Writers Project (Programme fédéral pour les auteurs)[4].

À son apogée, ce programme distribuait des subventions hebdomadaires à plus de 6 000 écrivains précaires. En échange d'une somme modeste, les allocataires étaient chargés de produire des textes d'utilité publique, comme des guides touristiques, des études ethnographiques ou des ouvrages d'histoire régionale. Pour sa part, McKay avait pour mission de documenter le mode de vie de la population noire de New York. Le travail n'était pas toujours passionnant, mais les subventions ont permis à l'écrivain de s'en sortir. Avec des revenus stables, il a pu se concentrer sur d'autres projets, notamment son autobiographie, *A Long Way from Home* (traduite en français sous le titre *Un sacré bout de chemin*) et un essai sur la communauté afro-américaine de Harlem, *Harlem: Negro Metropolis* (non traduit en français). McKay était, par ailleurs, en très bonne

4. Wayne Cooper, *Claude McKay: Rebel Sojourner in the Harlem Renaissance*, LSU Press, 1996, p. 291-312.

compagnie. Le Federal Writers Project comptait également dans ses rangs Ralph Ellison, John Steinbeck, Zora Neale Hurston, Richard Wright et Saul Bellow, entre autres[5].

Ce programme illustre l'essence du New Deal : sous la présidence de Franklin Roosevelt, la gauche était associée à l'amélioration des conditions de vie des Américains. Aujourd'hui, nous avons tendance à nous souvenir de ses grandes « conquêtes sociales » : l'instauration du salaire minimum, la création d'un système de retraite ou la reconnaissance du droit à la négociation collective. Mais le New Deal, c'était aussi pléthore d'avancées plus modestes qui ont été très appréciées à l'époque : des emplois pour les chômeurs ; de nouvelles routes, de nouveaux ponts, de nouveaux parcs et de nouvelles piscines accessibles à l'ensemble de la population ; l'extension du réseau électrique aux foyers ruraux ; le contrôle des prix pour augmenter la rémunération des agriculteurs… le tout rendu possible grâce à l'État.

Le New Deal fut tout sauf abstrait. C'était une réalité tangible pour des millions d'Américains et la principale raison pour laquelle les démocrates ont réussi à rassembler un électorat aussi vaste pendant des décennies. Si recréer cette coalition baroque à l'identique presque un siècle plus tard n'est pas réalisable, il faut garder en mémoire l'essence du New Deal, peut-être plus que jamais : dans un moment de crise, des avancées concrètes et rapidement visibles ont suscité l'adhésion d'une majorité de la population. La gauche n'était pas associée à une série de promesses ou à des prises de position et des principes abstraits, mais à des mesures très concrètes. Et au moment du vote, cela a primé sur toute autre considération.

5. Douglas Brinkley, « Unmasking writers of the W.P.A. », *The New York Times*, 2 août 2003 (en ligne).

Cette réflexion peut paraître évidente. Mais à notre époque où les anciennes certitudes s'écroulent et où les débats s'enchaînent sur la culture et l'identité, il me semble important de ne pas oublier ce principe fondamental en politique : les électeurs ont tendance à voter pour ceux qui défendent leurs intérêts les plus élémentaires. On ne devrait pas même avoir besoin de regarder les États-Unis pour le savoir.

# Remerciements

Un grand merci à mes éditeurs, Laurent Beccaria et Jean-Baptiste Noailhat. Merci à toute l'équipe des Arènes.

Merci à Sophie Langlais et à Sandra Pareja.

Le français n'étant pas ma langue maternelle, je tiens à remercier mes nombreux relecteurs : Théo Bernard, Benoît Gautier, Pierre Isnard-Dupuy, Anna Rousseau, Anne-France Sion, Eva Thiébaud et Alek Zerouhane.

Merci à tous ceux qui m'ont accordé leur temps aux États-Unis et en France.

Merci à Peter Hogness, Troy Miller, Matt Sitman et Chris Townsend pour leurs conseils de lecture mais surtout pour leur amitié au fil des années.

Merci enfin à Benjamin qui, en plus de me relire et de me supporter au quotidien, continue de m'inspirer.

L'EXEMPLAIRE QUE VOUS TENEZ ENTRE LES MAINS A ÉTÉ RENDU POSSIBLE GRÂCE AU TRAVAIL DE TOUTE UNE ÉQUIPE.

ÉDITION : Jean-Baptiste Noailhat
COUVERTURE ET CONCEPTION GRAPHIQUE : Éric Pillault
RÉVISION : Nathalie Reignier-Decruck, Vladimir Sichler et Isabelle Paccalet, avec Anna Calvière
MISE EN PAGE : Cursives
PHOTOGRAVURE : Point 11
FABRICATION : Marie Baird-Smith
COMMERCIAL ET MARKETING : Pierre Bottura
RELATIONS LIBRAIRES : Salomé Bernard
PRESSE ET COMMUNICATION : Jérôme Lambert avec Manon Lejeune
COMMUNICATION DIGITALE : Marc Blactot, Adèle Hybre et Soraya Lecroc

RUE JACOB DIFFUSION : Élise Lacaze (direction), Katia Berry (grand Sud-Est), François-Marie Bironneau (Nord et Est), Charlotte Jeunesse (Paris et région parisienne), Christelle Guilleminot (grand Sud-Ouest), Laure Sagot (grand Ouest), Diane Maretheu et François Mottura (coordination), Charlotte Knibiehly (ventes directes) et Camille Saunier (librairies spécialisées)

DISTRIBUTION : Interforum

DROITS FRANCE ET JURIDIQUE : Geoffroy Fauchier-Magnan et Marion Rowe
DROITS ÉTRANGERS : Ella Bartlett et Elvire Beaule
DROITS AUDIOVISUEL, THÉÂTRE, PODCAST : Geoffroy Fauchier-Magnan
ACCUEIL ET LIBRAIRIE : Lucie Martino
ENVOIS AUX JOURNALISTES ET LIBRAIRES : Vidal Ruiz Martinez
COMPTABILITÉ ET DROITS D'AUTEUR : Christelle Lemonnier, Camille Breynaert et Christine Blaise
SERVICES GÉNÉRAUX : Isadora Monteiro Dos Reis

En France, un livre a le même prix partout. C'est le « prix unique du livre » instauré par la loi de 1981 pour protéger le livre et la lecture. L'éditeur fixe librement ce prix et l'imprime sur le livre. Tous les commerçants sont obligés de le respecter. Que vous achetiez votre livre en librairie, dans une grande surface ou en ligne, vous le payez donc au même prix. Avec une carte de fidélité, vous pouvez bénéficier d'une réduction allant jusqu'à 5 % applicable uniquement en magasin (les commandes en ligne expédiées à domicile en sont exclues). Si vous payez moins cher, c'est que le livre est d'occasion.

L'ensemble de cet ouvrage a été réalisé dans le respect des règles environnementales en vigueur. Il a été imprimé par un imprimeur certifié Imprim'vert, sur du Munken premium white pour l'intérieur et une carte Metsäboard pour la couverture.

Achevé d'imprimer sur les presses de l'imprimerie
Normandie Roto Impression s.a.s., en mars 2025.

ISBN : 979-10-375-1351-9
Numéro d'impression : 2501621
Dépôt légal : Mai 2025